U0361165

HUMBLE
INQUIRY
THE GENTLE ART OF
ASKING INSTEAD OF TELLING

谦逊的问讯

以提问取代教导的艺术

[美] 埃德加·沙因 著
(Edgar H. Schein)
李艳 王欣 译

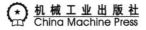

机械工业出版社
China Machine Press

图书在版编目（CIP）数据

谦逊的问讯：以提问取代教导的艺术 /（美）埃德加·沙因（Edgar H. Schein）著；李艳，王欣译．—北京：机械工业出版社，2020.6（2023.10 重印）
（沙因组织文化与领导力系列）
书名原文：Humble Inquiry: The Gentle Art of Asking Instead of Telling

ISBN 978-7-111-65569-5

I. 谦…　II. ① 埃…　② 李…　③ 王…　III. 领导艺术　IV. C933.22

中国版本图书馆 CIP 数据核字（2020）第 077944 号

北京市版权局著作权合同登记　图字：01-2020-1708 号。

Edgar H. Schein. Humble Inquiry: The Gentle Art of Asking Instead of Telling.

Copyright © 2013 by Edgar H. Schein.

Simplified Chinese Translation Copyright © 2020 by China Machine Press.

Simplified Chinese translation rights arranged with Edgar H. Schein through Andrew Nurnberg Associates International Ltd. This edition is authorized for sale in the Chinese mainland (excluding Hong Kong SAR, Macao SAR and Taiwan).

No part of this book may be reproduced or transmitted in any form or by any means, electronic or mechanical, including photocopying, recording or any information storage and retrieval system, without permission, in writing, from the publisher.

All rights reserved.

本书中文简体字版由 Edgar H. Schein 通过 Andrew Nurnberg Associates International Ltd. 授权机械工业出版社在中国大陆地区（不包括香港、澳门特别行政区及台湾地区）独家出版发行。未经出版者书面许可，不得以任何方式抄袭、复制或节录本书中的任何部分。

谦逊的问讯：以提问取代教导的艺术

出版发行：机械工业出版社（北京市西城区百万庄大街 22 号　邮政编码：100037）
责任编辑：冯小妹
责任校对：殷　虹
印　　刷：北京捷迅佳彩印刷有限公司
版　　次：2023 年 10 月第 1 版第 4 次印刷
开　　本：147mm × 210mm　1/32
印　　张：5.75
书　　号：ISBN 978-7-111-65569-5
定　　价：59.00 元

客服电话：（010）88361066　68326294

版权所有 · 侵权必究
封底无防伪标均为盗版

谨以此书献给我的良师益友：

戈登·阿勒波特、理查德·所罗门、

大卫·里奥赫、埃尔文·戈夫曼、

道格拉斯·麦格雷戈和理查德·贝克哈德。

目　录

CONTENTS

总 序

FOREWORD

为人之道

翻译是个创作过程，让人战战兢兢。极有思想的作者，富有创见的著作，新颖的概念，让你认得、(认为)懂得却深陷“lost in translation”之难。此中有真意，欲辨已忘言。比如我经常将其作为领导力必读书推荐的《小王子》一书中的法文“apprivoiser”，英文用了“tame”，这在中文中有“驯养”“驯服”“驯化”“羁绊”之意。再比如，随着欧美对中国经济与管理特殊性的兴趣提升，guanxi作为一个外来词直接进入到英文管理研究的厅堂中，而摒弃了曾经译者以relationship、network或者special connection来概括的努力。“变革型领导”作为transformational leadership的译法似乎已经得到了公认，但这里的“变革”与科特“领导即变革”之中的“变革”，有无不同？伯恩斯所开启的对

transactional 与 transformational 的比较，究竟是之于事（业），还是之于人（们）？

仅仅是语言维度上的严格精准的翻译，不能排除造成更大范围的误读误伤。譬如，在不同的文化中，词语各有其褒贬。以“交易”来说，将 transactional leadership 译为交易型领导，就已然具有了某种判决的效力。2002 年翻译 leading quietly 之时，“沉静”尚不是个管理学大词，译成“默默领导”就默默地少了在策略上的质感。个体主义还是个人主义，不仅仅是个译法的问题，还直接影响到伦理上是否有立场上的正当。社区、社群，乃至于共同体，都来自 community 一词，却需要悉心区分，毕竟在中文语境下，就不自觉地呈现出是着眼于场所平台，还是看重活跃之上的人，甚或对人群是否有机建构着关系所做出的判断。而当德鲁克赋予管理学以 liberal arts（博雅器识）的温度属性，却又一次地让在教育学界争论纷纭的这个词激荡起管理学者的层层脑波。

我既不是为译者们诉苦——向坦诚直陈“我们翻译不了德鲁克”的同道致敬，也并不认为就得有个标准答案、一致意见。让讨论继续着、衍发开，推敲本身就有积极的意义。难道，多因为与人文相关，与文化相融，与时代相嵌。难道，是因为你不肯忍痛割舍原来的绝妙。于是，人们参照着不甘舒服下咽的译法，也正是在体会着人文的复杂，参看着不同的文化，深化着对时代的理解。济慈所说的"negative capability"（负容力），是坤卦，是承载容纳；人能够安于不确定、神秘与怀疑，而非性急地追求事实和原因，悦纳难言；或是如菲茨杰拉德所说，头脑中能同时存在两种相反的想法而仍保持行动能力，以智涵知。难道、误会，正体现着深刻的人文性、人与文的丰富性；意会与言传之间的 lost in translation，更体现出人性、人无法被机器（轻易）替代的价值。

这就说到了人的价值，如果你当管理学是博雅学问，是优先修养器识而非兀自训练文艺的，那么，人的价值应该就在管理目标的核心。只是，沉浸于高新技术和细节中，人的价值不知不觉地就被管理的各种目标函数忘却了。在管理学院中，即使名字里带着"人"字的课程，也恐怕更多关注的是人力作为一种资源的价值，而非人的价值，人自身的价值。许多高超漂亮的定量研究，都以公司的股价变化，以及市场占有率、利润或财富的增减，来衡量某种管理工具、管理方式是否有效并值得予以推广。这不由地让我想起了《小王子》中的一段喃喃——

这些大人们就爱数字。

当你对大人们讲起你的一个新朋友时，他们从来不向你提出实质性的问题。

他们从来不讲："他说话声音如何啊？他喜爱什么样的游戏啊？他是否收集蝴蝶标本呀？"

他们却问你："他多大年纪呀？弟兄几个呀？体重多少呀？他父亲挣多少钱呀？"

他们以为这样才算了解朋友。如果你对大人们说："我看到一幢用玫瑰色的砖盖成的漂亮的房子，它的窗户上有天竺葵，屋顶上还有鸽子……"

他们怎么也想象不出这种房子有多么好。

必须对他们说："我看见了一幢价值 10 万法郎的房子。"那么他们就惊叫道："多么漂亮的房子啊！"

“实质性的问题”！这些被想着干着许多大事、算着许多大账的“大人们”丢失掉的对于这些“实质性的问题”的关心，却正是沙因教授这几十年来研究、咨询、教学的重心。他的著作中没有那么多的数字，没有截面数据或大规模问卷调研，他只是娓娓地讲述着一个又一个他花了几年十几年功夫深入其中的组织故事，以冷静耐心的态度，以医者仁心的立场，以及他从这些故事中洞察抽象出来的概念、模型。他关心因为组织起来更有效率的人们，如何克服因此而形成的组织与个体的诸多对立；他关心组织所形成的心智模式、基本假设，如何不因其司空见惯而发展到某一天的细思恐极。他像是管理学者群落中的 Andy Dufresne（安迪·杜佛兰），由衷地想要知道第一夜就没熬过去的狱友的名字，拒绝以编号来称呼失去人身自由的每一个“人”，并超然无我地鼓励大家抱持对自由的守望。

德鲁克的 liberal arts（博雅器识），麦格雷戈的 human side（人性面），沙因的 personization（人心化[1]），都是在提醒管理者在达成组织外在目标的同

[1] 人心化，这也是学着沙因而造出来的中文新词，这几个词的中文是我认为合适的译法，和书里译法不尽相同。

时，要看到组织这个森林里仍然有着的一棵棵活生生的独特“树木”，而不是以木材生产的流水线标准去计算不同组织成员的价值。这是组织的“实质性的问题”。

管理工作对于整个社会的贡献，不只是基于组织这个整体而言的。管理工作的重要产出（之一），常被作为副产品或根本不作为产出品的，是管理中人与人之间的关系，是这些关系因为管理工作而产生的变化——正向的、健康的、开放的、信任导向的、可持续的，抑或是负向的、病态的、防御的、博弈导向的、破坏性的。这些关系无论是发生在组织内部，还是组织与组织间，是上下级或是平层，长期或是阶段性的，公开的或者隐约的，如果我们透过组织这层皮囊透视过去，就都是社会中的个体与个体之间的关系，在动态演化中，并如涟漪般，进一步地波及社会中的其他个体、群体（通过他所扮演的其他社会角色的人际交互）。

这就像是《公共汽车咏叹调》中的众生。如怀特笔下的组织人（ the organization man)，也是社会人，组织不是他的全部，他对社会的影响超过组织的边界和组织角色的局限。在这种考量下，组织成员之间的关系，或因为管理工作而发生的关系变化，并非只是组织内务，而都有其重要的外部性、社会价值。毕竟，一个人的职业角色，无法与他的其他社会角色、家庭角色分割、分隔。Transaction 中的双方，究竟算是交道、交易还是交情？领导与追随，是驭人统率还是相互成就？咨询与问讯，怎样才是诚恳，如何才算够专业？帮助如何才能得体合宜，帮助者怎样才不会变成精神上的侵入者、关系上的操纵者，帮助本身如何不混杂进道德劫持？是着眼于问题的权宜解决还是人间的扶持提携？这些问题，也许不是如何让组织更高效运行的管理问题，不好用算法去优化求极值，但却关乎着组织、社会和人的未来。领导、咨询、问讯、帮助，应该也是改善、造福社会和人生的方式。毕竟，生活与工作的丰盈，关系其实是重要基础。

关系真的是门大学问，却不是功利性的关系学，只将人以及人与人的关系当作是工具；人是目的，关系本身已是价值自在；不是出于 just-in-time 的应激或者 just-in-case 的算计而缔结关系，而是 just-in-joy（乐在其中）、just-in-belief（出于人性），甚至just-into-you(想想《小王子》中的“apprivoiser”)。**为（wéi）人的目的，依然是为（wèi）人**。若非如此，目的扭曲的种子，长不出正直的果实。耗费心力的关系技巧，不管多么机巧地利用着、勾引着、放大着人性的弱点，不过是甘愿让物欲奴役，让事（物、财、绩）的价格高企，让人之为人的价值蒙尘。是的，管理者愈来愈精妙的效率竞赛中，事而非人，价格而非价值，成了目的与核心，成了攻略的胜负手。这些个guanxi或是networking，人脉而非人心，离信任、开放的关系，背道而驰，终不得宁。

也许你会好奇，沙因（父子）为什么将这一系列以humble（谦逊）作为主题？是否这是一种新研发出来的以退为进、佯弱胜强的新领导力秘籍、咨询策略、问讯技巧，或是寻求帮助的敲门砖？不，不是的。

当然，谦逊正反映着沙因教授的本色性格，他真是个不争之人——沙因不争万物立，海能卑下众水归。细沙不争，万物立在其上；大海卑下，众水归入其中。2004 年我写过《沙因老头》的故事，说过这位大师前辈的逸事，有兴趣可寻来看。而在这个系列中，我的体会，沙因所突出强调的谦逊，不是故作姿态的低调，不是策略性的示弱，是对组织成员各具特色、各擅胜场的尊重，是对知识与判断力在组织中以分布式呈现的理解，更是对于世俗意义上的诸居高临下角色（领导者、咨询顾问、问讯者、帮助者）的一种特别的提醒与反正。“不自见，故明；不自是，故彰；不自伐，故有功；不自矜，故长”，自然而然，平等待人，敬畏专业，止于至善。在这种对谦逊的强调之中，蕴含着对人与关系的珍视，以谦逊作为界定、修饰的领导力、咨询、问讯与帮助，人与关系就必须放在目标函数中，是这些人际互动的核心产出，而不能（只）作为实现其他外显目标的有效手段。

在教育的场景中，谦逊与关系之道具有很强的启发性。师与生之间，师尊生卑，或是学生客户化、教学服务化，都非正途。弟子不必不如师，师不必贤于弟子，谦逊是自然的、必需的。若以一颗心灵唤醒另一颗心灵来理解教育本质，师生互动也绝非业务性的、命令性的、单向式的、就事论事的、知识导向的，以personization（人心化）来建设相互尊重、合作、信任的师生关系，能够让师生双方都获得成就感与生命价值的体验，获得2级关系的积极实践，促进学生（以及老师）自由个性、健康人格和君子器识的确立。小班教学作为一种方向，在很大程度上并非由于知识传授在较大群体中的困难而致，而更在于以利personization（人心化）的切实可行。同时，要看到在知识能力提升之外，在学生品格锤炼德性修养之外，师生关系、生生关系，也都是教育的重要成果，也并不因为正式的教与学过程结束、学校阶段完成而终结。值得探究的是，古人常以"亲其师"（也是一种人心化）作为"信其道"的前提，而"亲其生"，该是"传其道"的良好基础，然后教学相长，彼此造就。师生之亲，同侪之谊，社群之凝聚，本身就是教育之大美。

在家庭的场景中，谦逊与关系之道就得要沙因父子再认真地写几本书。家庭中的信任与忠诚关系仿佛是毋庸赘言的天经地义，但，3级关系甚至2级关系，又在多少家庭中真正存在？Parenting（父母之道）似乎是不需要教与学就能自动掌握的，反正，谁能（敢）说我不会当爹？“相爱是容易的，相处是困难的”，婚礼是热烈的，但接下来的日常生活并非仪式活动。相互长期持续“伤害”的家庭成员关系，比 -1 级关系（没有人情味的支配与强迫）更糟糕，列为 -2 级，这种关系无法摆脱，其中一方认为自身可以理所应当地对另一方进行干涉与强求。可外界很多时候认为这是合情合理的。不意外地，捅破窗户纸看，即使是形式上的谦逊也往往是用在外人身上的，于家人，则可全免。Personization（人心化），是不为也，非不能也。甚至，因了解更深，伤害也更准。所以，沙因父子将本书的读者群列得很广泛，从他们认为最需要也最用得上的企业组织，到政治、体育、非政府等各种社会组织，从与人打交道的各种岗位，到因知识不对称而权威化的各种角色，都是本书再合适不过的读者对象。但是，沙因没有说到家庭这种古老而又不断变异的社会组织，该是这本书的靶心读者之一，是个遗憾。这可不能灯下黑。谦逊、关系，具体到家庭场景中——对亲人好好说话，真正学会帮助的度，尊重（最起码要倾听）家人的不同（意见或是人生选择），谋求彼此的共赢（而不是动不动就要牺牲），给空间让各自保持独立，等等；这些基本的相处之道，沙因的谦逊系列，可以作为必读，如果希望成为一个合格的家庭成员的话（好的家庭成员，真的不是生出来的；好的家庭相处之道，真的不是生来就会就行）。

过去常在教学结课时被邀请给同学寄语，记得其中有一句写过几次的话，算是有些沙因味道——“MBA不是人手，更不是造就、使唤人手的人上人”。人手是相对于“有心的人”而言——MBA也好，大学培养的各样人也罢，即使干着细碎的、辛劳的、平常的工作，也不能当自己只是个人手（hiring hands），而一定要有着仁心（higher purpose）。如果你读懂弄通了沙因的谦逊观，从仁心出发，重新审视管理行为，就会知道这种“人上人”之于他人、组织和社会的危害极大，因为这种“人上人—人手”的搭配，在合法合理地、很有效率地助长着人的价值持续地被物化。人手与人上人，都与沙因的谦逊相悖，都远离了人、人性、人的价值。

为人之道，说的是管理应是为（wèi）人的；管理，作为一个人为的行为，终是为了人的价值，方能回归到初心。读读沙因吧，这是仁者的声音，希望你用心去听。

仁者沙因，谦逊为人。

杨斌　教授

清华大学经济管理学院领导力研究中心主任

译者序

PREFACE

中国历来都有谦逊的文化，“满招损，谦受益”“三人行，必有我师”几乎是每个孩子从小就知道的道理，而“谦谦君子”也是我们培育英才的标准之一。年少时，只以为“谦”就是为人处世时态度要温顺和气，不给他人带来伤害。而今，经历很多事情后，才知道“谦逊”是力量与关爱的结合，是平等和尊重的产物，是客观看待自己和他人的智慧。

2019年春节过后，我刚刚完成英国ILM领导力培训的高管教练的课程学习，正沉浸在练习“问出好问题”来帮助他人成长的喜悦中，但是在这个过程中，也会发现要与对方产生同理心是一个很大的挑战，而这一点恰恰是教练工作中建立信任、产生成果的关键要素。正值此时，王欣先生邀请我共同翻译埃德加·沙因先生的《谦逊的问讯》一书，能有机会将沙因教授50余年的研究和实践成果介绍给中国读者，这让我兴奋不已，欣然应允。

沙因教授将谦逊的问讯定义为一门优雅的艺术，是帮助他人畅所欲言的能力，是不带预设答案的提问，是带着对另一个人的好奇心和关注建立良好关系的态度。显而易见，“谦逊”是达成后续成果的决定性因素。

记得大学毕业前，我曾经去某国家部委求职，当时心中异常忐忑。接待我的是一位很有经验的负责人事工作的女士，完全没有高高在上的姿态。她和善而耐心地详细询问了我几个问题，便让我立刻放松了紧张的神经，在她专注的聆听和鼓励的眼神中，我得以充分地表达了自己。30 年过去了，那春日下午，长安街上的一间办公室一直留在我的记忆里，每每想起都感到其中的温暖和由此带给我的勇气。

后来在外企工作，开始接触不同国家的领导和同事。让我印象最深刻，也最喜欢的是瑞典的老板和同事，和他们在一起我感到放松且能够被激发。一次因为工作的需要，受我的瑞典老板委托，在斯德哥尔摩与几位不同背景的著名投资者会面沟通。

与我们心目中华尔街金融大亨咄咄逼人的模样不同，他们在过程中表现出的谦逊令我印象深刻。对于他们不了解的事情，以及与他们理念和经验不同的中国市场的情况，他们一直保持着开放的态度，试图去理解而不是简单地否定或者质疑。一起吃饭时，他们告诉我瑞典之所以能以如此小的人口规模，孕育出像爱立信、ABB、H&M、沃尔沃、宜家这样持续成功的全球化企业，就是因为他们深知自己对世界的认知很有限，要尊重所有市场的特点，才能获得持续的发展。他们还开玩笑说："有一些服务全球的美国企业，认为自己是全球化企业，实际上还是美国企业。"多年以后，经历过更多中国区与全球总部在产品定义、战略规划的各种冲突后，我开始越来越理解这个玩笑背后更深层面的内涵。而观察近些年通过收购向海外扩张的中国企业，也不难看出，越是保持谦逊、尊重当地市场特点的企业，就越能实现相互借鉴和优势互补，将企业潜在的价值发挥出来；反之，则往往会铩羽而归。可见，在获得了成功之后保持谦逊的确不易，但影响深远。

沙因教授将"谦逊的问讯"定义为不带预设

的询问。为了更准确地传递这个概念，经过认真思考和仔细考证，我们选定“谦逊的问讯”而非常用的“谦逊的询问”来表达。在古汉语中，上问下曰“讯”[⊖]，而“问讯”更是强调了提问者在询问时并无答案。佛教僧人见面行礼称为“打问讯”，也表明其中蕴含了谦逊之意，与沙因先生所描述的概念更加吻合。“不带预设”看似简单，做到却实属不易，尤其是对习惯展示“强势自我”的领导者而言。

随着中国改革开放成长起来的领导者，大部分是某个领域的专家型人才，积累了丰富的经验，因而符合工业时代对领导者的需求：“老板最知道。”随着企业的发展和组织的扩充，领导者不可能事必躬亲，了解所有的客户反馈和市场动态。与此同时，随着我们进入信息化时代，信息爆炸式增长，互联网和移动互联迅速普及，新技术、新商业模式层出不穷，即使领导者不断学习、自我更新，想要“全知全能”也是不可能的。此外，互联网和移动互联原生代的年轻一族加入组织中来，他们思维活跃，又具备相关的专业知识以及创新所需的专业能力，

⊖ 君尝讯臣矣——《公羊传·僖公十年》。

他们逐渐成为组织中最了解客户或者运营关键环节的人。在应对这样的变化时，领导者面临着如何随时调整和转换自己角色的挑战。这需要领导者既更加全面地获取决策所需要的信息，又对自己的认知和思维惯性时刻保持觉察。

在从所谓“高大上”的职业经理人转为创业者的时候，我才深刻领悟到领导者进行角色转换和思维转换的重要性。我和创业合伙人是多年同事，彼此了解且互相认同。但即便是这样，我们在创业沟通中也发生了很多冲突。总结下来，我更习惯于用多年做营销的思维方式去看待用户需求以及产品研发的重点，而他站在产品和研发的角度去思考优先级和可能的困难之处。在讨论同一个问题的时候，我们头脑中的隐含假设或预期往往不同，而创业的焦虑感经常会妨碍我静下心来了解和看清中间的差异，一度不仅令自己十分痛苦，也影响到团队士气，企业也因此蒙受了损失。在一次次的痛苦中成长，我才认识到，耐下心来，在沟通中发现自己与他人预设的不同，不仅可以让真相浮出水面，也是高效解决问题的有效方法。本书中“话费超支”的案例，就生动地展现了沙因教授如何运用“不带预设”的问讯方式，四两拨千斤，巧妙解决我们在管理中经常遇到的棘手的“小问题”，令人拍案叫绝。另一个“改变组织文化”的案例对企业领导者同样有很强的借鉴意义。

领导者勇于承认自己不是“全能型”领导者，需要他人的帮助，才能与团队建立更加有效的沟通，彼此激发，也会得到更多的支持，但这恰恰是很多领导者不愿意也很难做到的。著名管理咨询顾问兰西奥尼在其《团队协作的五大障碍》一书中明确指出，团队协作的基础是彼此的信任，而谦逊的问讯无疑是最快建立信任的有效方法。我在为企业提供服务的过程中，经常会感知到当领导者从只关注事，转变到先关注人再关注事情后，团队成员参与度会显著提升。当领导者愿意以真示人时，团队成员对目标会有更高的承诺和投入。

除了论述谦逊的问讯对于领导者和组织的意义以外，沙因教授还论述了谦逊的问讯给我们日常生活带来的益处。他通过案例说明了谦逊的问讯是如何影响亲密关系、亲子关系以及医患关系的。毫无疑问，这些关系的改善会为我们自己、家人和朋友带来更多的美好。

在翻译本书的同时，我也在不断刻意练习谦逊的问讯，将其运用在为企业提供的管理咨询服务、为创业者及企业高管提供的领导力教练和培训服务中，取得了很多令人欣喜的成果。同时，在和王欣先生一起工作的过程中，我们彼此保持谦逊又坦诚的沟通，令合作顺利且愉快。相信读者在理解并践行这一理念后也会有更多的思考和收获。

由于王欣先生无私的指导和帮助，我才得以完成本书的翻译工作，他扎实的管理理论及经验、流畅而简练的语言，帮助我最大程度地呈现了大师精练而准确的表达。机械工业出版社的信任以及李文静老师的帮助和支持对本书顺利面世至关重要，在此一并表示衷心的感谢。真心希望本书能带给读者更多的启发与思考，译文如有不当之处，请大家批评指正。

李艳

序 言

PREFACE

我写作这本书的动机既有我个人层面上的，也有专业层面上的。从个人角度而言，我一向不喜欢他人平白无故地对我提出建议，尤其是关于我已经知道的事物。

一天，我正在欣赏一簇不同寻常的蘑菇，它们是在一场大雨后长出来的。这时一位遛狗的女士刚好路过，便停下来，对我大声说："你知不知道，这些蘑菇中有的可能有剧毒。""我知道。"我回答道。但她接着又说了一句："而且有可能致死啊！"

此事令我印象深刻的原因是：她这种一厢情愿想要教导他人的方式，不但让我很难以积极的态度做出回应，甚至还得罪了我。我发现她说话的语气以及教导模式令我们接下来的沟通陷入尴尬，无法建立一种积极的关系。她的初心可能是想帮我，然而我却觉得毫无作用，我更愿意她在刚开始的时候，或者是在我回复了“我知道”的时候问我一个问题，而不是一味地想要告诉我更多。

为什么学会“问好的问题”对于帮助我们建立起积极的关系是如此的重要？我们身处一个复杂度、关联性以及文化的多元化都在不断提升的世界，如果我们不知道如何提问，如何基于尊重与认可建立起相互信任的关系，没有意识到他人拥有完成某项工作所需了解的各种知识，就不用期望可以和来自不同职业、不同专业以及不同种族文化的人达成真正的理解与合作了。

并非所有问题都具有同等的价值。我越来越相信我们要学会一种特定的询问方式。在我的 *Helping*(2009) 一书中，我第一次将这种方式命名为“谦逊的问讯”，具体定义如下：

谦逊的问讯是一门优雅的艺术，是帮助他人畅所欲言的能力，是不带预设答案的提问，是带着对另一个人的好奇心和关注建立良好关系的态度。

我探索谦逊的问讯的职业动机在很大程度上源于我过去 50 年为各式各样的组织提供咨询服务所获得的见解。特别是那些把安全问题放在首位的高风险行业，让我认识到跨越层级边界的良好关系和相互信任的沟通至关重要。我从诸如飞行空难和医疗事故、突发的严重的核电站事故、NASA 挑战者号和哥伦比亚号航天飞机的空难，以及英国石油公司的海湾泄漏事件的事后调查中，发现了一个共同点，即底层员工在事故发生前已经掌握了可以阻止事故发生，或至少可以减轻事故严重程度的信息。但是这些信息都没有能够被传递到更高的层级，或者是直接被忽略掉，抑或是被否决。当我和企业高管讨论这个发现时，他们都会信誓旦旦地向我保证他们是持有开放态度的，愿意听取下属的意见，而且会认真对待。但是当我和他们组织中的下级人员沟通时，他们通常会告诉我要么是他们不敢向老板报告不好的消息，要么是他们之前的此类尝试从未收到过回应，更别说是认可了。他们由此得出结论，即他们的意见不受欢迎，因而不想再徒劳了。令人震惊的是，最终他们宁可选择有风险的操作，也不愿因提示潜在的风险而惹恼他们的老板。

当我研究在医院、手术室以及医疗保健系统中会发生的事故时，我发现存在同样的沟通问题，而患者往往会因此付出代价。护士和技工在告诉医生坏消息或纠正医生将要犯的错时也会感到不安。医生会争辩说，如果护士和技工都是“足够专业的人”，他们就会说出来。但在很多医院，护士会告诉你医生经常毫无顾忌地，以责备的口吻，对着他们大喊大叫，在这样的工作氛围下，护士当然不会轻易开口。医生与患者之间的互动往往是单向沟通，医生往往只会为了确诊去询问与之相关的问题，而有时误诊的原因则是没问够问题，就已经急于告诉患者他们该做什么了。

令我感到震惊的是，发生上述所有这些情况的组织缺少的是一种氛围，以便低级别员工可以放心大胆地提出需要尽快解决的问题、减少事故发生可能性的信息、医疗保健方面的常识，以及可能对患者造成伤害的错误。那么一个组织到底该如何创建这种氛围，让组织中的所有人都愿意畅所欲言，令与安全相关的问题可以立即被提出来，甚至敢于在他们的上级或者更高级别的领导者将要犯错时予以纠正呢？

答案是我们必须变得更加善于询问，减少教导别人的行为。这与美国文化中的一些重要方面——过分强调教导的重要性是背道而驰的。让我时常感到困扰的是，我经常会观察到即便是一段普通的对话，不知为何都会演变成一段教导式的沟通而不是询问式的。在人类的多彩生活中，问题往往被当作理所当然，而不是主角。然而，我所有的教学和咨询经验都告诉我：问出正确的问题是建立良好关系、解决难题、推动事情向前发展的灵丹妙药。要强调的是，对于高层领导者来说，创建一种开放的氛围，关键就是必须学习谦逊的问讯这门艺术。

我在提供咨询服务的早期阶段就发现，提出正确的问题比提供建议或忠告更为重要，并在 *Process Consultant* 一书中阐述了这一观点。之后我发现，在一个给予帮助和接受帮助的场景下，如果帮助者能够在给予建议或者解决方案之前，先提出好的问题，帮助会更有效，也更容易被采纳。所以，我在 *Helping* 这本书中特别强调了询问的重要性。

现如今在我看来，是询问还是教导的确是人际交往中的一个基本问题。而当我们询问时，问什么，什么时候问，以及隐含在问题中的态度都对关系的建立、双方的沟通和工作绩效至关重要。

建立人与人之间的关系是一个复杂的过程。我们在交谈中说错话，或者是事后后悔有些话该说而未说，这些都反映出我们还不清楚如何平衡询问和教导，因而自然而然地倾向于教导。在大多数对话中，真正缺乏的是我们对不完全了解的事物的好奇心和提出问题的意愿。

现在是时候认真研究在各种沟通场景中提出问题的恰当方式了，同时也要认真检视它所起的作用，它不只是发生在普通日常对话中，也可能发生在承担着诸如心脏外科手术这样复杂任务的团队交流中。在一个复杂且相互依存的世界中，越来越多的任务就像跷跷板游戏或接力赛。人们推崇团队合作并经常用各种运动来类比，但我更愿意将其比喻成跷跷板游戏和接力赛，意在指出这需要每个人都做好自己的那部分。每个人要做好自己的工作就需要良好的沟通，而良好的沟通是建立在相互信任的关系上的，谦逊的问讯则是建立互信关系的起点。

本书适用于所有读者，对于担任领导者角色的人来说尤其具有重要意义。因为职位越高，对询问艺术的要求就越高。我们的文化往往强调领导者必须比团队成员更睿智，为团队指引方向，并阐明价值观，这就使得他们倾向于在沟通中优先使用教导的方式而不是询问的方式。然而，组织中最需要运用谦逊的问讯的人恰恰是领导者，因为当面对复杂又需要高度协作的任务时，更需要领导者与团队成员间建立起积极正面的、互相信任的关系，领导者必须鼓励并引导下属和他有效沟通。领导者不能和团队建立有效沟通的组织是低效且危险的。

关于本书

在本书第 1 章中，我首先定义并解释了何为谦逊的问讯。为了有助于读者充分理解谦逊的含义，我将谦逊分为三类：①我们在长者和地位尊贵的人身边时感受到的谦逊；②当那些获得了令我们敬畏成就的人出现在我们面前时，我们感到的谦逊；③当下的谦逊，源于为了完成我们承诺的任务，我们需要依靠他人帮助时感到的谦逊。如此学究般咬文嚼字可能会令一些读者不舒服，不过领悟第三类谦逊是开启谦逊的问讯的钥匙，也是建立积极互信关系的关键所在。

为了充分阐明谦逊的问讯的概念，我在第 2 章中提供了一些简短的案例。而第 3 章将重点讨论这种询问方式与其他类型询问方式的差别有多大。

在第 4 章中我会谈到为什么当我们身处一个以完成任务为导向的文化中时，做到谦逊的问讯是如此困难。我把这种文化称为“做事和教导的文化”，是想进一步论证我们不仅视教导比询问更有价值，而且我们更注重做事而非人与人之间的关系，因而削弱了我们对建立互信关系的愿望和能力。我在第 5 章中指出当我们的地位越高时，践行谦逊的问讯的难度就越大。同时对领导者而言，学会每时每刻保持谦逊的态度愈发重要。不仅社会的层级规范和文化背景令践行谦逊的问讯困难重重，我们大脑结构的复杂度以及社会关系的复杂性同样对此设置了局限和障碍，我们在第 6 章中重点探讨了这一部分。

最后在第 7 章中，我就如何提升我们运用谦逊的问讯的能力给读者分享了一些建议。

第 1 章
CHAPTER 1

谦逊的问讯

当谈话出现问题，当我们最棒的建议被忽视，当别人的忠告惹恼我们，当下属想帮我们改进工作或避免事故却欲言又止，当讨论变成了争执，最终僵持不下而伤到感情……究竟错在哪儿？怎么做才能得到更好的结果？

我的一位麻省理工学院斯隆商学院 EMBA 学生的经历就是个生动的例子。他在家里的地下室准备重要的财务课程考试，之前特意告诉了他六岁的女儿不要来打扰他。他沉浸在复习中时，女儿来敲门了，他严厉地训斥道："我不是告诉过你不要来打搅我吗？"女儿瞬间泪涌，然后跑了出去。第二天早上，他妻子责备他不该让女儿难过，但他极力为自己辩护，直到妻子打断他说："是我让她下去向你道晚安的，同时问问你是否需要一杯咖啡提神，你怎么不问她原因，就直接对她大喊大叫！"

面对上述情形，我们怎样做才更好？答案说出来很简单，但是做到不容易。我们需要做好以下三件事情：①减少对他人的说教；②学会更多地运用谦逊的问讯这一特定形式的询问方式；③学会真正的聆听，从而了解真相。大量关于沟通的图书都着墨于如何正确地听和说，但奇怪的是，都忽略了问出好问题这一社交艺术。

归根结底，以特定的方式来询问，即我称为谦逊的问讯的交往艺术，正是人们建立互信关系的基础，它能促进良好的沟通，推动合作，使工作得以顺利地完成。

对于那些只要每个人做好自己的事就能完成的工作，建立良好关系和改善沟通并没有那么重要。虽然篮球队、足球队和曲棍球队都提倡团队协作，但团队协作并非必不可少。然而，如果所要完成的任务类似于跷跷板游戏或者接力赛，需要所有参与者的配合天衣无缝，那么队员间有良好的互信关系和坦诚的沟通就变得至关重要了。

询问是如何帮助建立关系的

我们生活在惯于教导的文化中，提问自然就变得困难了，更不要说用谦逊的态度提问了。那么教导会造成什么问题呢？从社会学角度看，答案非常简单：教导让对方觉得被贬低了。当我们说教时，实际是暗指对方对本该知道的事物一无所知。常常有些人会不请自来地教导我，而往往他所说的我都懂，令我不解的是为何他假定我不懂。当我已经知道或者考虑过的事情被反复教导的时候，我很容易不耐烦，甚至会感到被冒犯了。即便他解释说“我只是想帮忙，怕你没有想到”，也于事无补，我仍不免会耿耿于怀。

而询问则是在对话中暂时赋予对方更多的权利，让自己暂时处在弱势的状态。这意味着对方有我需要知道或者想要知道的东西。询问是让对方来主导这个特定场景的对话；鼓励对方帮助我，也允许对方伤害我，从而开启了建立良好关系的大门。如果我并不在意与他人建立沟通和良好关系的话，说教没有问题。然而，如果交谈的目的是增进沟通并建立良好关系的话，和询问相比，说教更难达到目的。

能够建立起互信关系的交谈从社会学来说必须是公平和平衡的。如果我想建立一段关系，我就需要先投入。谦逊的问讯就是先把我的注意力投入在里面。我提出的问题是向对方传递这样的信息："我已准备好洗耳恭听了。"当他人的谈话让我得以解惑时，我的投入就得到了回报。于是我会因为获得新知而感谢他人。通过几次这样答疑解惑的循环过程，双方就会建立起互信的关系。

当我放低姿态后，对方既没有盛气凌人，也没有置之不理，我便会对其产生信任。同样地，当对方回答我的提问时，我带着极大的兴趣全神贯注地聆听，也会令对方信任我。一段能建立互信关系的对话，就是双方不断在其中投入和获得回报的互动过程。

当然，上述这个过程只有在双方都遵从文化的界限，举止得体且彬彬有礼的情况下才会发生。尤其是在循环往复的问答过程中，双方所提及的内容与表情等，一定要符合双方文化背景的界定。

为什么这样的沟通在生活里并不常见呢？难道我们不懂如何询问吗？我们当然不会承认。不过我们提出的问题经常是有修辞掩饰的教导，抑或是想试探一下自己的猜测而已，但是我们对此并未觉察。我们生活在一个充满实用主义色彩、聚焦于解决问题的文化情景中，以掌握更多知识可以教导他人为荣，这就使我们偏好说教而不是询问。同时这个社会又是结构清晰的，关注任务的达成远超人与人之间的相互关系，人们普遍认为下级要更多地询问而非教导，老板则应该更多地教导而非询问。当我们不得不询问时，往往被当作是软弱和无知的表现，于是我们会尽量避免询问。

然而，越来越多的证据表明，如果团队成员，尤其是老板能学会使用谦逊的问讯来建立互信关系的话，那么团队就会更加高质量、更加安全地完成任务。这种提问方式不仅对他人表达了我们的好奇心，也示意他人我们此刻愿意聆听，并把沟通的控制权交付于他。它意味着我们暂时要依赖他人，也就暗示着一种当下的谦逊。一定要把它和另外两种谦逊区分开来。

谦逊的三种形式

“谦逊”通常是指在交往中主动把对方放在高于自身的地位上。“丢面子”则是指在公开场合被对方剥夺了应有的地位，而颜面尽失。让别人丢面子在任何文化中都是无法接受的，但判定让人丢面子的标准却因社会地位认同方面的文化差异而各有不同。理解谦逊的问讯，我们首先需要区分以下三种谦逊的形式。

（1）基本的谦逊——在传统社会中，人的社会地位是由其出身决定的。谦逊不是主动的选择，而是生存的条件。你可以接受它，也可以厌恶它，但无力改变。在大多数的文化中，“贵族阶层”总会依照他们出身的尊贵程度而获得固有的尊重。在像美国这样的西方民主社会中，我们对于要在那些出身显赫但碌碌无为的人面前表现得有多谦逊存在争议。

但是即使如此，所有文化都会要求人们彼此间必须有基本的尊重，成年人互相要以礼相待。作为人类，我们要认识到给予彼此应有的尊重是必需的，我们的行为应当符合社会文明的标尺。

（2）有选择的谦逊——在社会中，决定一个人社会地位的往往是其个人成就。因此当遇到成就超过我们的人时，我们就会产生谦逊的感受，甚至会伴随着敬佩或嫉妒。然而这是一种选择，我们可以选择是否要与这样有成就的人为伍，令自己感到谦逊。通过挑选合适的公司、合适的类比对象，我们可以避免产生谦逊感。面对我们尊敬的成就卓著的人的时候，我们大致知道怎样算是恰当表达敬意的方式和举止，但是不同的文化之间的确存在差异。当面对诺贝尔物理学奖获得者或奥运金牌获得者时，或许需要行业内部的人士指点一二，我们才能恰如其分地表达我们的敬仰之情。

（3）当下的谦逊——这是第三种谦逊，也是我们真正理解谦逊的问讯的关键所在。当下的谦逊是当我需要依靠你时我的内心感受。在此刻的关系中，我处于次要地位，因为我需要借助你的知识或者能力来完成我的任务或实现目标。你掌握着生杀大权，可以帮助我完成承诺的任务，也可以阻止我达成目标。正是此刻对你的高度依赖，令我感到谦逊。当然我还有其他选择，要么我对任何任务都不做出承诺，这样我就不需要依靠任何人；要么我可以否认我需要依靠他人的支持，也就不会有谦逊的感觉，然而这样会因为得不到所需的资源而导致无法完成任务，或者是在不知不觉中人为地破坏了这项任务。很不幸的是，人们往往宁可选择把事情搞砸，也不愿意承认要达成目标，离不开他人的支持。

这种当下的谦逊在一些明确的从属关系中比较常见，例如下属对上级，学生对老师，或者是患者对医生。这种谦逊在团队同侪之间已经不太明显了。而在那种自认为凭借其职位所赋予的权力就能确保下属做出绩效的老板身上，这种谦逊荡然无存。老板意识不到要依靠下属，要么是因为对任务实质的问题判断有误，要么是高估了下属对这份工作的承诺。老板经常想当然地认为下属自然会做好他们分内的事情，但是察觉不到在很多情况下，他们可能会隐瞒实际情况，或者不照章办事。假如我是跷跷板团队或者接力赛团队的老板，无论我是否愿意承认，要想取得好成绩，我需要团队每个成员全心全意地参与。如果我们想让跷跷板移动，或者接力棒能顺利交接，那么无论他的身份级别是什么，团队成员都要承认他们彼此是相互依赖的。在这样的情景下，谦逊的问讯适用于所有人。这时的谦逊不是源于与生俱来的地位差别，或者之前获得成就的差别，而是基于对当下他们需要彼此协作的认同。

当你要依靠他人完成任务时，就必须与对方建立起互信关系，这样才能就任务展开开诚布公的讨论。假设你是接力赛的队长，因为你是右撇子，所以你告诉队员用左手接棒，这样你容易交接棒。这样的安排并不一定能确保顺利完成交接棒。如果你能在比赛前使用谦逊的问讯，询问你的队友更愿意用哪只手接棒，你可能会发现队友的左手受伤未愈，用你的左手交棒给他会是更好的选择。

难道这个队员不会在比赛前自己提出来吗？一些文化禁止向比自己地位高的人直接提出要求，成长在这样环境的队员就不敢主动发声。把交接棒的场景换成手术室护士递给主刀医生器械的场景，只是由主刀医生发指令，就能确保护士找出正确的手术器械吗？大多数情况下是可以的，但是如果护士这时因监视仪器哔哔声干扰没听清，或者是没有理解医生的意思，抑或是觉得器械是错的，那会怎样呢？他难道不应该说出来并承认自己没听懂吗？护士或许会因为所处团队文化的压力，只能靠自己的猜测来决定，从而有可能酿成大的事故。如果那个手术室的文化是把医生奉作神一样，没人敢当面质疑他们，那么即使有可能给患者带来伤害，那位护士也会三缄其口。

通过这两个例子我想指出的是，无论是队长还是医生，他们实际上都要依靠下属才能完成任务，他们必须承认存在这种当下的谦逊。否则，他们便不能在赛前或手术前通过谦逊的问讯来建立互信关系，因而容易导致团队表现不佳，引发潜在的伤害，以至于让参与其中的所有人都感到灰心丧气。

倘若上述情形发生在成员对互相尊重和如何适当表达的规则都非常清晰的文化背景下，各方相互理解的可能性是存在的。然而，如果需要相互协作的团队成员具有多元的文化背景，在如何面对权威，如何建立信任的语言和行为规则上则会不同。为了清晰地阐明这一点，让我们一起来研究一个具有多元文化的医院的假设案例。我想提醒诸位的是，案例中对文化力量的揭示，对企业的项目小组管理、学校的课程委员会管理同样具有借鉴意义。

三种谦逊：一个外科手术团队的案例

让我们假想一个要完成复杂手术的英国医院里手术室的情景，来进一步理解这三种谦逊。罗德里克·布朗医生是这个团队的主刀医生，其父布朗勋爵是受人尊敬的外科医生，而且是皇室御用医生；麻醉师是田中洋志医生，因获得了住院医师奖学金，不久前从日本来到这所医院；手术护士是艾米·格兰特，一个随丈夫一起来英国工作的美国人；手术技工杰克·斯威夫特则出身于伦敦的底层社会，这份工作几乎是他在这所医院里可以争取到的最高级别了。⊖

⊖ 这个案例中不同岗位人员的性别设定意在反映医疗行业岗位就业的现实情况，并非理想状态。

除了艾米可能对英国的等级概念不那么在意外，这个团队的其他人对布朗医生都抱有基本的谦逊和敬畏。艾米和田中医生则因为经常目睹布朗医生的高超手术技艺，对他充满有选择的谦逊和尊重。杰克则对手术室里的其他人都充满了敬意且抱有有选择的谦逊。但他们中没有人深刻地理解其实他们每个人都是依赖他人的，因而要时时保持当下的谦逊，以及对他人的尊敬。

资深的布朗医生不会，也没有必要公开承认他也是依赖另外三位同事的，他对此心照不宣。只有当他需要另外三位比他级别低的同伴提供信息或者帮助的时候，他才会意识到这一点。在实施手术的过程中，高级别医生暂时地转为弱势地位，依赖其他医护人员的协助来保证手术顺利进行的情况时有发生，这就要求他们展现出当下的谦逊，来确保手术的成功和患者生命的安全。

级别高的人往往会以“毕竟，和我一起工作的人都是专业人士啊”自欺欺人地否认或者掩盖自己对低级别同事的依赖度。这句话的隐含意思是手术室所有的工作人员都完全接受自己的岗位职责，也都是称职的，并心甘情愿为实现治愈患者这一崇高目标而全力以赴。此说法还隐含了这些人即使被颐使气指地训斥或居高临下地提要求，也不会感到被羞辱。通常这里所谓的“职业化”还意味着低级别的人会顾及高级别人的面子，而不会批评或主动帮助他们。因此，级别较高的人承担着主动请求帮助和营造允许他人为其提供帮助的氛围的责任。

特定情景下的问题和意外

通常当工作进展顺利时，人们不会觉察到等级观念和坦诚沟通的影响。然而当工作中出现了错误或者是发生意外时会怎样呢？假设田中医生在实施麻醉过程中要犯重大错误，护士艾米觉察到了，她应该做何反应？她要马上说出来吗？她说出来的后果是什么？按照美国人的习惯，她很可能就会直截了当地指出错误。而这很可能让田中感到无地自容，因为艾米不仅是一个低级别的护士，还是一位女性，一个美国人。

如果是布朗医生说了同样的话呢？田中可能会有些尴尬，但是内心可以接受，因为资深医生提醒实习医生是理所当然的。很可能田中医生还会非常感激他。而杰克在看到其他三人可能犯错时，甚至会觉得自己没有资格指出来。相反，假设艾米和技工杰克犯了错误，他们很可能就会被大声斥责，甚至被赶出这个团队。从资深医生的角度来看，随时可以找到更称职的人来替代他们这些低级别员工。

那么是否有人会在布朗医生将要铸成大错的时候提醒他呢？田中医生所受的文化熏陶强调永远不能纠正上级的错误。这便使他很可能为了维护布朗医生作为专家和领导者的面子而掩盖这个错误。艾米大概会处于是否该提醒的两难境地，她最终的决定取决于她心理上觉得这个环境有多安全。这取决于她之前和布朗医生及与其类似的男性医生沟通的经验，以及是否和布朗医生建立起了互信关系。让她犹豫不决的原因是，担心布朗医生会因为一位护士指出他的错误或质疑他而感到很没面子。大多数文化都强调必须要给人面子，因而除非她和布朗医生相处得很好，令她可以直言不讳，否则她也不敢贸然行事。

杰克当场是肯定不会发声的，但是如果最后真的手术失败，给患者造成原本不该有的伤害甚至死亡的话，他可能会事后把这糟糕的事情讲出来。如果这起事故最终引发了正式的事故调查，杰克和田中医生应该会作为证人被传唤。当被问到他们观察到的情况时，他们要么得撒谎掩盖，要么很有可能会因承认看到了错误操作，却没有及时制止而受到严厉的批评或制裁。

布朗医生（团队领导者）如果对跨越职务边界沟通这一文化规则漠不关心，因而不采取任何措施的话，上述所有现象都会出现。和所有彼此依赖完成复杂任务的团队的情况一样，上述情境中所缺失的是一种可以让人们扫除障碍、打破等级、无碍沟通的交往机制，而怕丢面子就是一种沟通障碍。要想建立这样的交往机制，即一种超越职务界限、任务导向、直截了当、坦诚沟通的人际关系，领导者就必须学会谦逊的问讯这门艺术。要掌握这门艺术最难的部分是高层领导者要能做到当下的谦逊，并承认很多情况下他们无疑是需要依靠下属和低层员工的。

当下的谦逊意味着要放低身段，在一个注重成就，以学问出众、才华横溢为荣的社会里，要做到这样的谦逊谈何容易。然而，各类领导者、管理者和专业人士将越来越清楚地认识到团队成员相互依靠是完成任务的基本条件，因而做到当下的谦逊也变得越来越迫切。这样的情况要求领导者主动询问其团队：“我这么做是正确的吗？如果不合适，请直接说出来。”如果团队中有些人成长于比较传统的文化背景，要打造这样的氛围就更加不易。在那样的社会里，不允许藐视任何的等级界限，为了保全面子，即使放弃任务也在所不惜。

我们要采取哪些措施，才能确保杰克、艾米、田中医生在布朗医生犯错时可以及时阻止他呢？投入精力去确定共同目标，制定诸如检查清单的流程，进行标准化培训是必要的，但还不够，因为在一个新的、模棱两可的情况下，人们很容易就退回到固有文化的准则中，做出不可预见的行为。在多元文化的团队里，如果领导者想确保团队成员彼此可以围绕任务展开真诚的沟通，他就必须先运用谦逊的问讯这门艺术来建立互信的关系，令下属在心理上具有安全感，从而在职业需要和自身文化相悖时，令其可以战胜内心的冲突，并且能够从职业角度来定义何为彼此尊重。

问讯是什么

在分析谦逊的问讯的过程中已经定义了谦逊的含义，接下来，我们要问何为问讯。问讯也是一个复杂的概念。提问既是一门科学，也是一门艺术。从事民意调查的专业人士，为了得到所需的信息，几十年来一直潜心研究如何问出正确的问题。而心理治疗师、顾问和企业咨询师们则在工作中更加炉火纯青地使用提问的艺术。但是很少有人会思考：在日常生活中、平常的对话中，尤其是在某项任务中，我们到底该如何提问？当我们把文化和层级界限这一因素考虑进来后，事情就会变得更加模糊了。

提问时问什么、怎么问、在哪里问，以及什么时候问，固然都是重要的，但是谦逊的问讯的本质不是为提问而提问。我所谈论的这种问讯的基础是对他人充满好奇和兴趣的态度。它隐含着希望构建一种能够展开真诚对话的互信关系。它意味着一个人愿意把自己放在弱势的位置上，从而激发他人提供积极的帮助的行为。这种态度往往不是通过几个特定的问题表达的，更多是通过我们的行为展示出来的。有时我们的肢体语言、充满好奇和兴趣的静静聆听，就会令对方滔滔不绝。

大多数情况下，好奇心和兴趣是建立在当下的谦逊的基础上的。如果我感到要向你学习什么，或者由于我很在意你，进而想了解发生了什么以及你的感受，抑或需要你帮助我完成一个任务，这都会让我对你产生暂时性的依赖感，从而变成弱势一方。恰恰是这种我暂时的降级，让你产生了心理上的安全感，因此愿意告诉我我想了解的真相，或者帮助我完成任务。但如果你利用了这个时机对我说谎，或者趁机兜售我不需要的东西，抑或误导我，那么将来我就会疏远你，假如我是你的老板，便会找机会惩罚你。反之，如果你提供的帮助解了我的燃眉之急，我们就会建立起良好的关系。

在谦逊的问讯里，问讯即问出问题，但不是我们通常所说的问题。美国文化的困境就是我们没有足够仔细地理解什么是我所定义的谦逊的问讯，无法把它和引导式问题、修饰性问题、令人尴尬的问题，以及以问题形式表达的陈述区分开来。后者是记者们经常热衷使用的，提问的目的就是故意地、带有挑衅地打倒对方。如果领导者、管理者以及各类专业人士要学习谦逊的问讯，就必须学会小心地区分上述不同类型的问题，从可能的问题中选出有助于建立积极关系的来提问。我们将在随后的章节中论述如何根据不同的场景、任务和当前的环境来进行调整。

我会在下一章里先分析大量的案例以阐明我所谓的谦逊的问讯的真正含义，并生动地说明不同场景和情境中行为与表达是怎样的千差万别。

思考题

- 回想一下你所遇到过的令你尊敬和敬佩的人，当你遇到他们的时候，你会感受到哪种谦逊？
- 考虑一个需要协作的任务，其中的哪些方面是你需要依靠别人的？思考一下并确认你们彼此帮助时所需要的当下的谦逊。你觉得下一次你和伙伴一起讨论工作的时候，可以和他聊聊这种谦逊吗？如果不可以，原因是什么？
- 现在来想想你的日常生活、朋友和家庭。回想一下你在日常对话中和肩负任务的时候分别是如何问问题的，有区别吗？为什么？
- 你从本章中学到的最重要的概念是什么？
- 现在请你静下来，回想一下本章你学到了些什么。

第2章

CHAPTER 2

谦逊的问讯实践案例

在本章中，我介绍了发生在不同场景下的案例，意在说明谦逊的问讯没有一个固定的模式。请牢记：谦逊的问讯是一项技能、一门优雅的艺术，是帮助他人畅所欲言，是不带有预设答案地询问，是带着对另一个人的好奇心和关注建立起来良好的关系。

人们的态度决定了适用于特定环境的各种行为。本章中的很多案例并没有过多描述人们互相依赖的实际情形，但是重点强调了建立良好关系的重要性，因为这才是当我们突然需要帮助时，可以让他人足够信任我们，愿意对我们真诚地施以援手的根本所在。谦逊的问讯其最终目的就是建立起良好的互信关系，从而实现更好的沟通和协作。

案例 1：带玛丽去喝茶
（错失谦逊的问讯的机会）

那时我刚刚带着新婚妻子玛丽来到剑桥，准备开始我的首次教学课程，为一年级的 MBA 学生讲授社会心理学。由于担心自己首次授课的效果，大多数的夜晚我都沉浸在工作中，认真研究教案。

其间，玛丽询问了我几次是否需要休息一下，或者一起出去喝茶，我都回复说，“抱歉，不能去，我得完成我的教案。”

现在回想起这个情景，我感到遗憾和难过，甚至还有些羞愧。那么我当时到底该如何做呢？我是很在意玛丽的，想让她感受到我随时都可以给她提供帮助，但同时我也想完成我教案的准备，而出去喝茶将会完全打断我的工作。不过，现在当我重新考虑这个情况，我意识到我其实可以有三种选择。

可选方案一：我可以固执己见，很礼貌，但是很坚定地说，“抱歉，现在不行。”然后接着伏案工作。这就是我当初的行为，我现在颇感后悔。

这个方案的问题是：

- 把玛丽放在了次要的位置上，相当于告诉她我的工作比她重要。
- 玛丽可能有些事情需要和我讨论一下，征求我的意见。如果是这样的话，我就错过了知晓和帮助的机会。
- 我因不能满足她的要求而感到内疚和羞愧。
- 由于内疚和羞愧，我会产生怨气。

可选方案二：暂停手头的工作，带玛丽出去喝茶。

这个方案的问题是：

- 在喝茶时，我可能会心不在焉，因而氛围会有点紧张，甚至有些尴尬，令我们双方都不开心。
- 我也可能会很享受和玛丽一起喝茶的时间，但是之后要工作到很晚，这可能又会产生新的问题。
- 我因而可能会埋怨玛丽，甚至可能无意识地以某种方式惩罚她。

■ 我还可能会产生一种玛丽“总是提要求”的印象。

■ 玛丽可能并不想喝茶，只是想和我聊点事儿，喝茶只是个说辞而已。

■ 玛丽可能会因为打搅我而感到内疚。

可选方案三（谦逊的问讯）： 拉着玛丽一起坐下来，全神贯注地看着她，然后细心而和善地询问她有什么想法，告诉她我们可以花点时间沟通一下。现在回想起来，这才是我当时应该采取的做法。

为何这么做？

■ 当我认真地询问的时候，我把我们的关系放在了首位，我很在意她希望得到关注的需求，避免了让她感到被冷落。

■ 我可以借此真正了解她是想休息一下，还是真的想外出走走，或者只是有重要的事情想和我沟通。

■ 这样我就可以得到充足的信息，可以判断在那一时刻是玛丽的需求重要，还是应完成教案，由此可以做出更恰当的决定。

- 我们可以共同来决定是马上出去喝茶，还是先聊聊，以后再喝茶；可以商量各种可行的方案。这个决定一定会让双方都感到满意，同时也促进了彼此的关系。

- 我还可以借此与玛丽分享一下我准备课程的焦虑，让玛丽对我的情况多一些理解或帮助。

- 虽然这样我会牺牲一些工作时间，但有这样一个小插曲是非常值得的。

我从中学到了：

- 当面临的选择是服从你的需要还是我的需要时，找到利于我们的选项，在本质上这就构建了良好的关系。

- 通过问开放式的问题来获得所需要的信息（不是那种只需要回答是或不是的问题）。

- 当关系中的一方忙于要完成自己的既定任务，同时又希望向对方展示他关爱的态度的时候，能够取得良好效果的最好方式一般只是一个微小的行为方式的改变，而不是去调整彼此的关系。

- 在做重大的决定之前，稍做改变，允许一个短暂的停顿，以获取更多的信息。
- 微小的行为改变会使双方共同解决问题。
- 此刻微小的改变，可以避免日后大的调整。
- 谦逊的问讯能够激发微小的改变。

案例 2：解决话费超支
（践行谦逊的问讯，得到下属支持）

在我担任系主任的时候，系里有 15 位教授。一天我收到了院长的通知，告知我们系的电话费严重超支。院长要求我立即查明原因，减少费用。我收到了一叠电话记录，上面列出了科室所有人员的通话记录，想必是希望我能依此来锁定滥用电话的人，令其反躬自省。因而我的任务就是找到最好的问讯方式来解决这个问题。

可选方案一：我和系里每一位教授研究一遍其通话记录，确认哪些是合理的，哪些不合理。

这个方案的问题是：

- 这实际上就是告知人们话费超标了，要他们给出合理的解释。
- 这个方式会因冒犯大家，而引发教授们的抵触，实际上反而会不利于了解真实情况。

可选方案二：我亲自研究所有的记录，找出潜在问题，然后让相关人员做出解释。

这个方案的问题是：

- 时间成本过高。
- 我依旧会面临教授们的抵触情绪。
- 会损害我和其他教授之间的良好关系。

可选方案三（谦逊的问讯）：把目标聚焦在降低

话费的同时又不损害我和其他教授之间的良好关系上。对我个人而言，仅仅弄清楚是谁因何种原因而使得话费超支并没那么重要。基于这个目标，我让秘书将每位教授的电话记录分别发给他们，同时还附有我的一份便笺，告知他们院长通知我系里的电话费超支，同时询问他们可否检视一下自己的电话清单，判断一下是否有记错账户的通话，请他们今后留意。借此我清楚地表明了我无意核查每个人的电话单，同时相信每一位教授能管理好他自己办公室电话的使用。尽管我是在请求他们帮助完成院长布置的降低话费的任务，但他们感受到的就是个例行的工作。

对我而言最关键的是意识到需要依靠他们提供信息才能解决问题，因而我将问题聚焦在找到会产生最佳结果的询问方式。在解决问题的同时我应强化与其他教授之间的信任，而不是得罪他们。如果同事们都认为我仔细核对过每个人的电话记录，那么不经意间我就冒犯了他们。

为何这么做？

- 这个方式展示了我对教授们的信任，放手让他们自己找到话费超支的原因并纠正，避免因冒犯他们而伤害彼此的信任。

- 实质上，我是在请求他们帮助我解决话费超支的问题。

我从中学到了：

- 作为一名管理者，在付诸行动之前，我要仔细考量要达到的目的究竟是什么。

- 我必须要接受我有赖于他人提供的相关信息这一现实，因而要做到当下的谦逊，例如请求教授们的帮助，而非教导他们干什么。

- 我必须想出能够给出答案的那类问题，而更重要的一点是如何问出那个问题——在这个案例中是使用便签，其上面的内容让大家知道我无意探查他们的隐私。

采用了上述方案后，有几位同事主动告诉我他们发现自己的研究生在滥用系里的账号打长途。无须我追问，他们就主动告诉我各自的进展，这让我感到很愉快。

案例 3：一位 CEO 的难题

在一个讨论高管职位继任人选的高层管理会议上，发生了这样的对话。

人力资源负责人（HR）：“我觉得在您（现任 CEO）退休以后，这个职位的最佳继任人选之一是乔，他具有在全球各分部工作的丰富经验，只需要到纽约总部再工作几年，掌握一下公司的整体运作就能胜任了。”

一位负责高管培养的员工：“我最近在和乔沟通时得知，他的孩子年纪还小，他希望他们可以在德国接受教育，因而他最近一直在游说大家让他去德国分公司工作五年。他想回德国的态度很坚决，我觉得他不会想留在总部。”

CEO：“那这真是个问题了，如果要培养他成为 CEO 候选人，他的确要有在纽约的工作经验。”

HR：“那么我看得把他从继任者名单中移除了。”

CEO：“还是让我先和他谈一次吧。”

听到这儿，我开始担心 CEO 很可能会强势地说服乔留在纽约，并由此导致乔很不开心，便马上插话了。

ED：“如果他已经很清楚地表态下一个阶段想去德国工作，我们是否应该满足他的愿望呢（谦逊的问讯）？

CEO：“Ed, 我们有责任让他全面了解他所面临的情况，所以我要和他谈一下。我不会竭力说服他或者用权力去强迫他的。但是我需要让他明了，如果他不能留在纽约工作，我们就不得不把他从继任者候选名单中移除。公平起见，把他从继任者名单中移除之前，我们需要告知他这个信息。继而他可以自行决定如何平衡工作和家庭的需要。比如他可以把家搬回德国，自己定期回家探望，或者找到其他的替代方案。但是他需要了解真相，这就是我想传达给他的，然后询问他的想法（谦逊的问讯）。”

可选方案一：把乔从继任者名单中移除。

这个方案的问题是：

- 他们需要为这个职位寻找新的继任者候选人。
- 乔可能是这个职位最好的继任者，却失去了机会。

可选方案二（谦逊的问讯）：告诉乔全部信息，询问他自己的想法。让乔自己去决定如何在工作和家庭中做好平衡。

为何这么做？

- 尽管 CEO 还是有可能会强势游说乔留在纽约，让乔成为不开心的下属，但是乔有权利知道如果他不能留在纽约工作，他就不再是 CEO 继任者候选人这个真相。
- 乔也可能可以找到一个可行的方案，例如把家人搬回德国，自己定期从纽约回德国探亲。
- 这赋予了乔自主决定的权利（谦逊的问讯），而不是擅自替他做主。

我从中学到了：

- 与真诚而低调地先和员工沟通相比，不事先沟通就把员工从晋升的候选梯队中移除，会显得对人缺乏尊重，更是一种独裁的表现。

- 我很容易就会落入教导的陷阱，换言之就是替乔做决定，却忘记了最恰当的做法是征求乔自己的意见。

案例 4：组建一个新的工作组（通过践行谦逊的问讯来获得承诺）

曾经，我担任董事的一个本土的环保组织要发起一个资金筹措系列活动。该机构的执行董事琼，以及她的董事会邀请我领导一个工作组，旨在确定董事们是否为这次筹款活动做好了充分的心理准备。我们从较为活跃的董事中挑选了八位加入到工作组中来。接下来的行动就是要召开第一次会议来确定工作内容。琼在十年前参与过一次类似的筹款活动，并且觉得当时有很多不足之处。因此她提议在会议开始时，由她先来简述上次筹款的失误。

可选方案一：在会议开场时就教导大家之前筹

款的失误之处，让他们吸取教训，避免误入歧途。

这个方案的问题是：

- 在进行教导时，无论是什么内容，人们都会把注意力集中到我和琼身上，而不是放在我们这个集体上。
- 以可能出现的问题作为会议的开场，很容易会从开始就给筹款活动蒙上负面的阴影。
- 组中一些参加过上次筹款的成员，可能会因此产生抵触情绪。

可选方案二： 邀请成员一起举行一个非正式的聚餐来启动项目，其间通过询问他们诸如“你当初加入这个组织的原因是什么”（谦逊的问讯）这样的问题来建立起关系。让每一位参加晚餐的成员依次回答这个问题，其他人不要打断、提问或者评价，直到参加的人都讲述完。我们用了这样的方式，并获得了非常好的效果，所有成员都非常积极正面，充满激情地表达了对组织的认同和对未来的期许。

为何这么做？

■ 我们设定规则和问题的本质是打造一种问讯的氛围，同时把重点放在对组织积极正面的感受上。

■ 这样做令每个成员可以开诚布公地谈论这个组织，让我们从一开始就能清楚地了解成员们是否有足够的热情和能量来开展这个筹款活动。

■ 让每个人都发言，令大家建立起同舟共济、责任共担的感觉。

我从中学到了：

■ 在以小组形式讨论问题时，一个要坚守的重要原则是在展开七嘴八舌的讨论之前，确保每位成员都先讲出自己对问题的解答。

■ 提出的问题要能引发与小组使命相关的信息和情感。

■ 至关重要的是在会议开始时要让每个人从心出发表达自己，然后再允许互动。

■ 主持人最核心的作用是控制流程，而非讨论内容。

下面四个案例进一步展示了当我们不自觉地使用了谦逊的问讯时，结果是如此之棒，而且常常会引发超出预期的效果。

案例 5：指路

我家的房子坐落在一条可以直接进入通往波士顿的高速的街道上。一日，当我在前院花园的时候，一位女士开车路过，向我打听去马萨诸塞大道的路。如果以那为目的地，她就得掉头，然后穿过几条街道。我随口问了一句："您想去哪里？"（谦逊的问讯）她回答说要去波士顿市中心。当时她的车头正好朝着波士顿方向，于是我告诉她一直往下开就好。直到今天我还常想，如果我给她指了去马萨诸塞大道的路，她得费多大的周折。

我从中学到了：

- 在我们真正理解了他人的需求之前，不要急于给出答案。
- 不要假设对方问出的问题是真正正确的问题。

案例 6：引发组织文化变革
（一次始料未及的成功咨询）

这个案例展示了无意识下的谦逊的问讯是如何引发改变过程的。

一位能源公司的 CEO 请我帮他启动一个组织文化变革的项目，他觉得自己的组织因固守旧有的、过时的做法和规范而停滞不前。他问我是否可以马上来公司诊断问题，然后给出推动改变的下一步计划。我当时对这个组织还知之甚少，对 CEO 本人的观念和动因也缺乏了解，于是我试着询问他是否愿意先到我这里来一起界定一下真正的问题（谦逊的问讯）。我对于他要推动变革的初衷非常好奇，不想在充分了解前贸然前往、介入其中。

他和公司的 COO，以及人力资源管理负责人认为这个想法挺好，同意花半天的时间登门造访。当我们在我的花园落座后，我以一种问讯的态度（谦逊的问讯）等待他们告诉我他们的想法。他们以陈述他们这样一家老牌公司的文化是多么的根深蒂固又令人沮丧开场。我的兴趣和好奇心随之而来，却由于他们谈得过于空泛而不知所云。我始终对他们所描述的停滞不前以及根深蒂固无法准确领悟。察觉到这一点后，我意识到当时最好的谦逊的问讯的方式是请他们给出具体案例，于是我便提出了请求。

那位 COO 随即说道："就说昨天吧，我主持通常由 15 位高管参加的例行管理会议。每次他们总是分别坐在大会议桌同样的位置。然而，昨天只有 5 人出席会议，可是他们依然坐在原来的位置上，稀稀落落分散在会议室里。这真是太令人抓狂了……您现在理解我们讨论的问题了吧？"

然后他充满期待地望着我，大概希望得到肯定和支持。此刻我可以有多种回应的方式（你可以换位思考一下，换作你会如何做）。由于我由衷地好奇，便很自然地问道："当时您做了什么？"（谦逊的问讯）

他答道："我什么也没做。"（错失良机）

就在那一刻，COO、CEO 以及人力资源负责人全都恍然大悟，我无意间问出的问题令他们认识到，正是他们自身的无所作为支持并强化了这些被他们称之为文化僵化的行为。在接下来的两个小时里，我们四人又深入地探讨了他们的各种行为如何助长了他们所厌恶的文化，以及他们该如何改变自己的行为。在接下来的一年里，他们内心渴望的大部分组织文化变革都实现了。而这一切始于我谦逊的提问，这引发了他们重新审视自己所发挥的作用。

COO 当时能做什么呢？谦逊的问讯对于他而言应该是不含责难而又满怀好奇地问道：“你们为什么坐得这么分散呢？”

我从中学到了：

- 请对方举个例子不仅仅可以显示出你的好奇心、兴趣和关爱，更重要的是还能令空泛的陈述变得有的放矢。
- 有时候把复杂的问题简单化，只需要一个恰当的、开放的问题。

案例 7：工作职责的定义
（承认自己无知的力量）

我在壳牌澳大利亚公司工作时，一天受邀和他们的高管共进午餐。午餐进行到一半时，CEO 提及运营管理副总裁即将离职。CEO 先是请我不要介意他们借用午餐的时间聊工作话题，随即便切入正题宣布之前认定的候选人皮特是这个职位的不二人选，而后征求大家的意见。显然几位副总裁都对此颇为忧虑。尽管他们认可皮特有很多长处，但仍觉得他不合适。他们不断地告诉 CEO 为什么皮特不能胜任这个职位。

我观察了一会儿后感到有些不解，为什么他们看起来都很喜欢皮特，却不愿意将这份工作交给他？同时我也很好奇运营管理副总裁在这个组织中的职责是什么，于是便问道："运营管理副总裁的职责是什么？"（谦逊的问讯）

其中几位先是冲我傲慢地一笑，随后他们还是决定花点时间回答我的问题："他要负责公司财务、会计、人力资源、长期规划、公共关系……"

这时，一位副总裁插话说他觉得皮特就是在公共关系方面不胜任，皮特是一个内向的人，不适合外向型的工作。其余几位立即同意他的观点，这正是他们不放心让皮特承担这份工作的原因。

随即他们其中的一位问道："这个职位一定要囊括公共关系管理职能吗？实际上，随着在澳大利亚围绕环保问题的事务越来越多，我们是否应该考虑单独聘任一位公共关系副总裁呢？"（谦逊的问讯+建议）大家很快就都同意将公共关系管理职能分离出去单立，进而一致同意皮特是职能调整后的运营管理副总裁的最佳人选，问题解决了。

我从中学到了：

- 敢于承认你的无知，或是让好奇心引领你，往往是令你问出好问题的最佳指南。
- 这个案例再一次证明了请对方举个例子（比如，运营管理副总裁具体的工作职责是什么）是解决问题的关键所在。

案例 8：仁心仁术的肿瘤科医生（提供多种选择）

我妻子玛丽是在 50 岁的时候第一次发现患上了乳腺癌，幸运的是我们碰到了一位极富同理心的肿瘤科医生，就诊时他仔细询问，并通过肢体语言（全然的注意力、眼神的交流），以及对玛丽的回复给予充满同理心的回应（谦逊的问讯的态度），让玛丽充分感受到了他对她本人以及她生活方式的关切。在切入治疗话题前，他总是会询问玛丽与她日常生活相关，与她个人特质相关的一些问题。这令我妻子感受到像健康人一样被尊重，对于治疗有任何担心顾虑时，都敢于大胆地提出来。

当进入到要制订具体治疗方案的阶段时，他告诉我们有几种不同的结合药物和放射治疗的综合方案，但疗效是相似的，让我们自己去考虑哪一种更适合我们的需要（谦逊的问讯）。他还询问了我们这一年接下来的旅行计划。我们与他谈及了因为著作发行所需要的几次长途旅行，以及我们准备在加州度过冬季的想法后，他马上安慰我们不需要改变计划，他可以依照我们的旅行计划来安排治疗时间，也会安排好我们在加州期间所需要的治疗。

令我们特别感动的是他总是询问我们治疗以外的生活需要，并且给予优先考虑，让玛丽感到可以完全地信任他。这让玛丽对他的治疗方案充满信心，更愿意积极地配合治疗。她的癌症也因此在 10 年期间得到了很好的控制。之后，她的癌症复发了，能再次找到这位肿瘤科医生对她而言是至关重要的。很幸运，这位医生又一次给玛丽进行了良好的治疗，使得肿瘤又被很好地控制了 15 年。当肿瘤第三次发作时，遗憾的是这位医生无法提供治疗，我们于是找了新的医生，但是很快就发现这位医生从一开始沟通就只关注医疗方案，而对我们生活方面的需求毫不在意。这导致玛丽对治疗感到非常的焦虑和不安，因而想听听他人的意见，也因此我们找到了其他医生，恰好又是一位仁心仁术的医生，尽管预后不好，然而仍让玛丽坦然了很多。

我从中学到了：

- 对比几位医生的不同治疗方式，让我很受触动的是谦逊的问讯可以非常迅速地建立起医患之间的互信关系，而缺乏这样的态度时，就很快会引发患者的焦虑和不安。

- 谦逊的问讯包含了医生对患者的整体态度，而不仅仅是医生询问出的特定问题。

■ 能够让医患建立互信关系的问题往往是与患者自身生活相关的，而不是医学或技术方面的。

总结

本章中所有的案例是想说明，要想获知真相并协同合作，最有效的方法就是向对方展示出关心的态度，或者是带着尊重和好奇心向对方提出好的问题。有质量的沟通会促进任务的达成。这些案例还说明了谦逊的问讯不是一个问题清单，而是一种行为方式，它源于我们内心对他人的尊敬和好奇，以及通过促进真诚的交流，分享更多与完成任务相关的信息，从而促进大家彼此沟通的意愿。

思考题

- 回想一个你作为下属或者相对地位不高的一方时，感受到级别高的人的尊重和关注的情形。你能归纳出对方是如何做到的吗？
- 回想一个你作为老板或者地位高的一方时，和你的下级开启了一段良好的对话的情形。再回想一个相反的情形。比较一下两种情形中你的行为，是什么行为令结果如此不同呢？
- 现在请静默几分钟，回想一下，到目前为止你学到了些什么。

第3章
CHAPTER 3

谦逊的问讯与其他问讯的区别

完全理解谦逊的问讯的最好方法之一就是将其与其他问讯进行比较。我们很容易就倾向于把“问讯”和“教导”简单地当作两种沟通方式的选择，但实际上每种选择又有很多不同的形式，且带来的后续影响更是大相径庭。本章中我会清晰地阐明谦逊的问讯与其他表面上类似的问讯的不同，以及如何在特定场景中实实在在地控制谈话的进程并产生出乎意料的结果。

四种问讯方式

问讯有很多种方式，只是简单地做个“好的，我以后要少说教，多问讯”的决定是远远不够的。当我们开启一段对话想要建立一种关系时，我们需要知道在如何问讯上可以有几种方式，更要了解一些貌似开放的问讯方式实质上隐含着对他人很强的控制。如果我们想了解他人全部的观点，就必须要避免无意中去引导谈话的方向。

我在分析如何有效地帮助他人时，定义了四种完全不同的问讯方式，这有助于我们厘清概念。

（1）谦逊的问讯。

（2）诊断式问讯。

（3）设问式问讯。

（4）转换式问讯。

谦逊的问讯

谦逊的问讯是将我对对方的好奇心和关心最大化，而最小化偏见和成见。我愿意直面我的无知，同时以一种毫不设防的心态去了解真相。我不想引导他人或者让他人感觉只需要给我一个客客气气的反馈。我希望我的问讯能够让对方直截了当表达想法。我想让对方感受到我对他的接纳和关心，以及在共同所处的情景下，对他心里真实想法的由衷好奇。

一个值得学习的榜样就是数字设备公司 CEO 肯·奥尔森，他经常在公司里到处走走，随意地停留在某位工程师的座位前，然后问道："你做的项目是什么？"因为奥尔森询问的时候是发自内心地关心，双方便会聊很久，结束时无论从技术层面还是个人情感层面都会感到收益颇丰。即使公司发展壮大到全球有超过 100 000 名员工，因为以一个谦逊的问讯者的姿态和很多员工进行过这样的交流，奥尔森仍为大家所熟悉并衷心地爱戴。奥尔森其实也是经常会陷入教导模式的，有时也是冷酷而专制的，但仍然能够获得员工的爱戴。其原因就是人们认为老板发号施令理所当然，员工对此是有心理准备的。而员工得到老板由衷的关心是非常少的，也因此会充满了感激。

问讯时我们一定要真诚吗？我们可否只是装装样子？没有谦逊的问讯所需的那种感受和态度，也能让人相信我们是关心他的吗？人类是非常敏感的生物，而且我们会在未察觉下释放出很多信号（我会在第 6 章中详述）。我在和各种组织中的下级员工沟通时发现，虚伪的老板会很快被员工拆穿且厌恶。因此，我推测，如果我不是真正地关心对方，无论我怎样措辞，对方马上会觉察得到。这同时也意味着只要我心怀诚意、充满关心，那么所有问出的问题，即使包含了说教也是谦逊的问讯，肢体语言、语气语速以及其他的细节都会真实呈现那份关心。

第 2 章中展示的案例表明谦逊的问讯因所处情境的不同会有不同的表现形式。谈话总是会遵从不同的文化规则，因而没有必要去罗列出符合或者不符合谦逊的问讯的标准用词。可以明确的一点是，当你想做到谦逊地问讯的时候，在对话前你要尽可能地摒弃偏见、清空自己，在沟通的过程中全神贯注地聆听。事实上，对方最惯于通过你是否听懂了他回复的内容，来判断你是否真正关心他，而非仅仅基于你的问题。你在交流中进一步提出的问题和回应会充分地展露你的态度和动机。

谦逊的问讯如何发挥作用还取决于对话双方沟通的目标是否一致、地位差异以及现有关系如何。

如果是在一个类似鸡尾酒会的开放情景下，彼此是陌生人，也不牵扯地位的问题，那么谈话本身就变成了彼此之间认同和接纳程度的探索。如果我不想过多表达自己，但是想通过谦逊的问讯去结识他人，我就会保持沉默或者只是客气地说："您好，我是埃德加·沙因，请问怎么称呼您？"接下来就是双方礼节性的沟通。如果对方引起了我的兴趣，我也想继续保持谦逊的问讯的态度，我就会问出更多试探性的问题，少谈论自己而尽量不带偏见地鼓励对方多介绍他自己。

下面就是令对话得以开启并展开的例句：

"那么……（带着期待的表情）"

"发生了什么？"

"后来呢？"

"你怎么会来这里？"

"请接着说……"

"你能举个例子吗？"

与此相反，"Hi，你最近怎么样？"并不是谦逊的问讯，因为它会直接引出格式化模式的客气回应："我挺好！你呢？"我自己的亲身体验是，碰到这样的问候时，我只有一次是真实地回应别人我的现状，因为当时他们确实面带关切：“最近都还好吗？”在特定的文化中，人们知道哪些是格式化问题，也知道如何给予格式化的回复。我们都学会了轻车熟路地运用格式化的套路来询问，然而它不会得到真实的回应。若沟通双方的文化背景不同，甚至可能造成误会。在我的麻省理工学院 EMBA 班级里，美国同学时常会真诚地邀请日本同学一起去吃晚餐：“下周六的晚餐你能来参加吗？”每次都会收到日本同学肯定的回答，但是最终却没人出席。我们之后了解了，在日本文化里当他们受邀回答“是”的时候，真正的意思是，“我明白了你在邀请我”，但不代表“我会参加”。后来我们学会了在他们回答“是”之后，要再接着问一句：“晚餐是在我家里，晚上 6：30 可以过来吗？”

综上所述，谦逊的问讯与其他的问讯方式最显著的区别就是：谦逊的问讯既不会影响对方想要表达的内容，也不会影响其表达方式。

诊断式问讯

实践谦逊的问讯最容易产生偏离是当我对他人告诉我的事情产生了好奇心，想刨根问底的时候。我不会针对这些问题去说教，但是我会主导对话，令对方的思考逻辑不自觉地被我影响。我之前介绍的指路的案例就说明了这一情境，对方问我马萨诸塞大道怎么走，我回应“你想去哪儿？”我当时就是在主导对话，但是因为是对方请我帮忙，所以我仍把它归结为谦逊的问讯，当然我当时也面临着风险，对方可能会说“这不关你的事”。

这种问讯区别于谦逊的问讯，因为它影响了他人的思维逻辑——没有回答对方提出的问题，而是提出了另一个问题。我改变了对话的方向，因而必须要认真考虑这是否是对方想要的。产生这种现象，要么是由于想尽快把事情解决，要么就是由于过分好奇而误入歧途。上面案例正常的问讯方式应该是：“您为什么要去马萨诸塞大道？”

根据提问者关注的焦点，可以将这种影响客户思维逻辑的问讯进一步分解为以下几种类型。

（1）感受和反应——当对方在描述活动或者所遇到的问题时，提问者的问题是围绕着对方的感受和反应的。

例如：

“你对此的感受是什么？”

“那让你产生了何种反应呢？”

“对于这个情况，你产生了什么样的情绪反应？”

这些问题看上去并非刻意，而且很有支持的味道，于是问讯者便掌握了对话的主动权，令对方不得不去思考他们没有想过的或者不愿意去考虑的事情。我认为这样的问讯方式不是谦逊的问讯，因为询问对方感受可能会迫使对方触及内心深处不愿意触及的部分。关心对方的感受一般是用来建立私人关系的一种方式，并不一定适用于你们所处的情境。

（2）原因和动机——关于原因和动机的问题一般都会聚焦在人们为什么会做所谈论的事情上。

例如：

“为什么会发生这种事？”

“为什么你会有那样的感受？”

“产生这个问题的原因可能是什么？”

“你为什么认为会发生这种情况？”

当问出这样的问题时，我是在强迫对方和我一起探求到底发生了什么来满足我的好奇心。是否将这样的问题视为谦逊的问讯，就要看这个问题与我们要实现的共同目标是否相关了。

（3）行动导向——提出的问题聚焦于对方都做了什么，考虑下一步如何做，或者是将来的计划。

如果对方在沟通中已经提及了所采取或准备采取的行动，我可以从这里出发。但是通常情况下，当人们谈论自己的问题时，并不会提及过去做过什么、当前或者未来即将采取什么行动，因而我可能需要提问来了解。

例如：

“到目前为止你采取了哪些措施？”

“你是怎么办到的？”

“你又做了什么呢？”（面对对方的抱怨时）

“接下来你打算怎么做？”

行动导向的问题会更加明确地迫使他人遵从你思考的方向。从这个意义上讲，这些问题也对他人的思维逻辑造成了影响，应该在你觉得施加影响很合理的时候才能使用。例如在COO的案例中，当谈到他的管理团队总是坐在相同的位置时，我直截了当打断他问道："你做了什么？"我认为这个打断是适当的，因为我们共同想解决的问题是理解他所处的文化环境。我扮演的是帮助者的角色，大家齐心协力，因此我引导他去思考所应采取的行动。

（4）系统性问题——能够帮助了解整体情况的问题。

当对方讲述他自己的事情时往往会提及诸如家庭成员、朋友、老板、同事或者下属等其他人。你可能觉得对你和叙事者来说了解这些人的反应或者行为很重要，因此会询问他所提及的这些相关者有何想法、感受或者行动。如果你和对方达成一致要去深究细节，这些问题会非常有效。

例如：

"然后他做了什么？"

"你觉得你这么做，他会有什么感受？"

"你觉得听到你这么说，接下来他会做什么？"

"如果你告诉他们你的真实感受，他们会做何反应呢？"

这四种诊断式问题都会引导他人的思维逻辑，从而帮助他人提升自我觉察。但是，它们还是问题，并未揭示任何解决之道。当发问时的氛围以及双方的关系恰当时，这些问题也可以被视为谦逊的问讯。

设问式问讯

设问式问讯的本质是将自己的想法以问题的形式表达出来。显而易见，反问和引领性问题实质上是一种说教。或许你提问时仍带着好奇和关心，但是这是基于你自己所关心的——你需要的信息是与你的所思所为相关的。

顾名思义，当提问者掌控了对话的逻辑和内容时，这种问讯的方式就很难算作谦逊的问讯，因为你实际上就是在给出具体建议。这往往会引发对方的排斥，导致他们不得不辩解为什么没有觉察到或者做到你所建议的事情，那么你们之间就很难建立良好的关系。

设问式问讯和诊断式问讯具有相同的分类。

（1）感受和反应。

“那没让你感到愤怒吗？”对应“那令你有什么感受？”

（2）原因和动机。

“你是否觉得他们是因为害怕才坐得很分散？”对应“你觉得他们为什么会那样坐？”

（3）行动导向。

“为什么你没对大家说点儿什么？”对应“你做了什么？”

“为何我们今晚不去看电影呢？”对应“我们今晚做什么？”

“你想过减肥吗？”对应“对于超重，你有什么打算？”

（4）系统性问题。

“屋里的其他人感到吃惊吗？”对应“屋里的其他人有何反应？”

只有当你提问的动机是希望帮助对方，同时，你们之间有足够的信任，对方相信你是在试图帮助而非反问时，设问式问讯才可以被视作谦逊的问讯。你提问的时间、语气以及其他的各种细节都会不经意间让对方知晓你提问的真实动机。我发现在每次要问出设问式问题前，问一下我自己提问的真实动机是什么至关重要。此时我是真的感受到谦逊和好奇吗？还是已经先入为主有了想法，只是想验证一下自己是否正确呢？如果我只是想验证一下自己的想法，那么我就已经偏向了教导，得到他人的排斥也就不足为奇了。当我询问其团队分散而坐的 COO“你做了什么”时，我非常清楚地知晓我对他究竟做了什么没有任何假设。当我把这个案例讲述给我的咨询顾问师，并询问他们如果当时处于我的位置会如何应对时，他们中的大部分都给出了各种建议，而不是问出一个开放性的问题，这充分反映了在我们的文化里教导的习性是如此根深蒂固。

转换式问讯

其实无论何时，我们都有机会将交谈的话题拉回来。这个过程是否可以称之为谦逊的问讯取决于转换话题的人的动机。如果我希望与对方发展良好的关系，但是又发现谈话已经误入歧途了，我可以马上谦逊地用如下几种形式询问：“这是怎么了？”“我们这么做有问题吗？”“我是不是得罪你了？”这样便可以发现刚才的谈话是否违背了初衷，然后可以予以纠正。这种询问瞬间将焦点从交谈的内容转换到当下双方的互动上。如何措辞可以依当时的具体情境而定，而这往往令对方意识到两个人之间正在发生的互动，而且能进行回顾和分析。

转换式问讯也可以分为不同的类型。

（1）谦逊的转换式问讯。

“刚才聊到了什么就变成这样了？”

“我们是不是跑题了？”

“这个话题是否有点儿太针对个人了？”

（2）诊断式转换式问讯。

“为什么你愿意以这种特殊的方式告诉我你的感受？”

“你觉得我们俩怎么了？”

“我现在应该询问你什么呢？”

（3）设问式转换式问讯。

“刚才我想告诉你我的感受的时候，你为什么这么抵触？”

“你是不是不高兴了吗？是因为我吗？”

“我的问题刺激到你了吗？”

这种问讯的威力在于它是聚焦于关系层面的，因而它会引发对话的双方去思考他们之间是否已经建立了彼此期待的良好关系。这种交谈方式在我们的文化中非同寻常，因此这类问讯或许是最难掌握的，特别是还要与谦逊的态度相结合。除了在一些特定的培训课上，我们一般会避免去谈论我们是如何交流的，或者探讨一下我们之间的关系。然而，这样的问讯方式其实是挽救陷入尴尬和困境的对话最有效的手段，因为它让双方重启沟通，重申自己的原始目的和诉求，换句话说，就是重新调整彼此的期望值。

总结

单单告诉某人要多询问少教导并不能让他学会如何建立互信的关系。人心底里如果有要胜人一筹的、要强的心态，很容易就会表露出来。谦逊的问讯始于心态，形于问题。越是能将关注度聚焦于对方，避免我们自己的期望和偏见不经意间渗透进来，我们就越能找到正确的提问方式。我们必须要警惕的是诊断式问讯和设问式问讯常常会脱口而出，就如同我们不自觉地陷入教导模式一样。这需要一定的自制力和反复的练习来消除冒昧，将我们的注意力始终聚焦于他人。如果我们能学会这样做，将获得更有效的交流和更美好的关系。当然在很多情况下，我们可以对此并不在意，可以无所谓。但是当你要依靠他人的时候——比如你是老板或者高级别的人，希望你的下属可以有更强烈的意愿来支持你，对你实话实说——那么谦逊的问讯就不是一个锦上添花的工具，而是一个最基本的能力。

为什么做到谦逊的问讯如此困难？我们在下一章会从倾向于教导的文化力量方面来阐述。

思考题

- 回想一个你最近和他人的对话过程，试着去划分一下你所问的问题以及对方所问的问题属于四种问讯方式中的哪一种。
- 回想一下你最近做过的面试，同样给你所提的问题分分类。同时研究一下你在选择问题的时候是否已经成见在先了。
- 想一想你曾经被面试的过程。其间面试者都问了哪些问题？你是如何反应的呢？问题是否有难易的差别呢？你是否会更关注某些问题？是什么样的问题？
- 回答完上述问题，你能否总结出你作为教导者和问讯者的风格？
- 现在请静默几分钟，回想一下，到目前为止你学到了些什么。

第 4 章

CHAPTER 4

注重成果和乐于教导的文化

抑制谦逊的问讯的主要因素是我们成长的文化背景。文化可以在人类活动的很多层面表现出来，例如建筑、艺术品、产品、语言，以及当我们进入到另一种文化中时看见和感受到的一切。但是要破译其中的文化密码并非易事，因此当我们进入到一个新的文化中时，我们必须向人们请教所见事物的含义。唯有如此，我们才会从这个文化的不同层面探究出“信奉的价值观”，如自由、平等以及其他“宪法所赋予的权利”。

当我们将观察到的行为和表现与所得知的价值观相互对照，发现不一致的时候，则提示我们该文化还有更深一个层面，我们可以认为其中包含着一些不言而喻的“观念”。这些“观念”或许作为价值观曾盛行一时，而后成为共识，而今业已变成理所当然、无可争辩的事情了。而真正驱动那些显化行为的恰恰是这些“观念”，它们才是文化真正的本质。

说明这一点最典型的例子就是在美国我们总是会津津乐道团队精神，但是具体研究它的落实时，就会发现我们的奖励机制和晋升体系完全是鼓励个人主义的。我们信奉平等和自由，但是现实社会中，贫民窟的少数族裔几乎享受不到教育和公平的机会，受到各种歧视，这些现象都说明我们的文化中一直存在着实用主义和“根深蒂固的个人主义”观念，而且主导着我们的行为。

这种潜移默化的观念构成了文化，它们既可能是一致的，也可能是不一致的。文化能够伴随着这些不一致性和内部冲突而存在。当我们遵从诸如谦逊这样的一些特定行为时，其中很重要的一点就是要判断出其背后的文化观念，并评估其所带来的影响。我们尤其要理解围绕着职权、关系与信任这些概念的那些不言而喻的观念。

所有文化对于人的社会地位和尊重有着自己的

规则，其建立在如何界定地位高低的深层观念基础上。在多数社会中，人们会对出身高贵的人自然而然地表现出基本的谦逊。西方文化中，更强调平等、个人奋斗，因此人们更加敬重霍雷肖·阿尔杰[⊖]神话式的人物——那些来自社会底层通过努力闯出一片天地，从而获得很高成就的人。我们也因此更愿意对这些高成就的人表达出有选择的谦逊，却因不愿意承认我们对他人的依赖，而避免展示出当下的谦逊。

上级在下属面前所展现的谦逊的程度取决于他们成长环境的文化，也因此会有差异。文化中越是崇尚权威，上层社会和底层社会地位与成就的差距越大，管理者越不容易做到谦逊。除了文化的这些普遍特点，为什么说美国文化某些方面也令谦逊的问讯更难践行呢？

⊖ 霍雷肖·阿尔杰（Horatio Algeria Jr., 1832—1899），美国牧师、作家，著有《运气与勇气》(*The Luck and Pluck*) 和《穷人汤姆》（*The Tattered Tom*）等系列畅销小说。所有这些故事围绕一个出身不幸的男孩展开，他通过辛勤工作、节俭生活以及一点运气，最终出人头地。阿尔杰作品中的人物成为“美国梦”的象征。—— 译者注

问题一（主要问题）：一种崇尚成就胜过建立良好关系的文化

美国文化强调个人主义，同时又推崇竞争、乐观和实用主义。我们信仰个人是社会的基本组成部分，个人权利至高无上，必须受到保护。我们具有企业精神，仰慕个人成就者，同时我们对竞争痴迷。乐观主义和实用主义则令我们自然地追逐短期利益，回避长期规划。我们不愿意对运行尚好的事情进行维护和改进，而宁愿等出了问题再来解决或者推倒重建。我们是如此傲慢地深信不疑我们可以解决任何问题——“一切皆有可能，需要的只是时间。”随着信息技术让一切都变得更快，我们也变得越来越缺乏耐心。但最关键的问题是我们崇尚成就胜过建立良好关系。而且，我们要么没有意识到这一文化倾向，要么更糟——不屑于去考虑这个问题。

我们不喜欢或是不信任团体，总是会认为成立委员会或者召开会议是浪费时间，而团体决策导致责任心涣散。我们只有在团队建设活动可以帮助达成某个具体工作目标时才肯投入时间和金钱。我们推崇和尊重获胜的团队（信奉的价值观），但是我们其实从未相信过没有明星的团队可以获胜，明星们也因此会享有高额薪酬（潜移默化的观念）。

我们绝不会考虑支付团队成员一样的薪酬。在奥运会上我经常看到几个世界上跑得最快的人组成的接力队却因为传接中掉棒而败北。我们理所当然地认为只有个体才是真正可以依靠的，因此必须奖优罚劣，我们信奉“责无旁贷”。

事实上，我们重视和认同的不是相互之间的关系，而是个人之间的竞争，希望不断战胜他人；我们在沟通中乐于逞口舌之快，甚至通过玩弄把戏，卖给消费者他们不需要的商品。我们还相信所谓的卖家优势（买者自负），并且通过鼓吹“每分钟都有傻子出生”的论调来合理化这种不当的行为。我们培育了陌生人之间的互不信任，却对如何建立互信关系一无所知。当我们对自由大加赞赏的时候，却对其所引发的人们内心的防范和对彼此间的猜疑知之甚少。当我们卷入了庞氏骗局而导致倾家荡产时，我们不去反省我们的文化和自己的贪婪，反而去抱怨监管方没有提前查出问题，尽早提示我们勿入圈套。

从政治学角度来讲，我们与一些人建立关系实则是为了取得战胜另一方的优势，以实现自己的目标。我们建立联盟是为了获得更多的力量，于是在选择可以相信的伙伴时，会变得异常谨慎。我们自然地会相信家庭成员，直到发现家人的背叛。根本上，在一个唯金钱至上的社会里，我们不知道该相信谁，而比这更糟糕的是，我们不知道该如何建立互信的关系。在抽象概念层面，我们看重忠诚，但是在多元化的现实世界里，一个人除了其自身以外完全不清楚还应该忠诚谁。

在有些文化中，开展合作之前必须要先建立互信关系。当我们和他们打交道时，要参加那些只为建立关系，而不涉及工作内容的晚餐时，就会缺乏耐心。当我们外出参加团队建设活动时，内心深处往往从经济效益角度去衡量，即使有时是乐在其中，从中受益，也会将其视为有利于完成任务的一种手段。

某航空公司对一些重大事故的初步调查显示，其中一些事故是驾驶舱内的沟通失误造成的。在几个突发的事件中，机长只是没有在意年轻的副驾驶告诉他的重要信息，从而导致飞机的坠毁。于是在一段时间里，该航空公司推行了团队训练项目，还指派在一起参加训练的驾驶员共同执行飞行任务。但是当发现这样的方式成本过高，又难于管理时，他们退回到原来的轮班制度，期望用任务清单和专业化精神来确保沟通的有效性。后来又有报告显示有些机组成员过于自信，竟然想出一些规避安全措施手段，从而逃避去参加团队训练。

在美国，一个人的身份地位和声望来自于他所获得的成就，因而一旦你的成就超越他人，你便获得了可以教导他们的特权。管理人员大都是从优秀的工程师或者业绩突出的销售人员中提拔上来的，因而他们可以教导下级该如何做事。事实上，由于担心打破级别的良好关系可能会导致在分配任务和奖励时的不公，不同级别的人一般都会保持一定的距离，反之则被视为是危险的。在军队里，如果军官与下属有比较好的私人关系，则他在指派参加可能面临牺牲的任务时便难以决策。因而军官不能和士兵建立友好往来的关系。

在今天的医疗领域，我们对制度性地设定问诊时间口诛笔伐，因为我们所信奉的价值观是良好的医患关系本身就是良药。但同时，我们又承认缩短问诊时间是不可避免的务实之举，这源于我们潜移默化的观念，即驱动这个系统的是经济指标而非社会指标。即便有越来越多的证据表明医患之间沟通不畅会导致医疗事故，也会令患者持续服用过多的药品，但从经济角度出发，我们还是会认同这是在所难免的。以完成任务为导向，而不注重互信关系建立的倾向，令医生经常会对护士、技工甚至是患者表现出不敬的态度。同样地，由于要给随诊实习生讲解“病案”的原理和问题，医生经常会忽略患者的个体特质。所有这些现象的背后都是成本效益优先的态度在作祟，使得医生会临阵磨枪一般，尽可能地在最短的时间内处理最多的任务，而不愿意花费时间来和他人建立互信的关系。

诚然，我们的文化有很多层面，这个角度似乎看起来对我们的文化太过苛刻了。然而，当我们接触到这些“顺理成章”的层面的时候，我们必须搞清楚“顺”的什么“理”，“成”了什么“章”，与我们笃信的价值观是否已经南辕北辙了。

在一个强调实用主义、个人主义，鼓励竞争，以任务达成为导向的文化里，谦逊是被边缘化的品质。

问题二：说教的文化

我们很自然地会认为教导比询问更有价值。只有问出正确的问题才是有价值的，而泛泛的询问则无益。我们觉得提问会暴露无知和弱点，而有学识才是被高度敬佩的，因此我们很自然地养成了让他人觉得我们才华横溢的习惯。当他人向我们询问问题时或者我们被晋升到更高的职位后，好为人师的冲动就会更加难以抑制。一次我问我的管理学的学生，晋职为“管理者”意味着什么？他们脱口而出，“那就表明我可以告诉他人做什么了。”确实如此，当一个人被提升到某个岗位时，不言而喻的就是大家都认为他应该知道该做什么，而这往往是危险的。让管理者去询问其下属“我们该怎么做”，无异于主动下课，是不称职的表现。人们普遍认为，如果你是管理者，你就应该知道如何去做事，最起码要让人感觉如此。

我们的文化是高度认可见识的。我们相信随着年龄的增长，见识也会增长，人会变得越来越智慧。因此人们遇事愿意请教长者，期待获得答案。在卡通片里，求道者翻山越岭来到宗师面前，向宗师提问后，得到的答案却是另一个问题，看到这儿我们会捧腹大笑。我们教导他人不仅会被他人期待和尊敬，也因能够帮助别人解决问题而感觉开心。还有什么比给别人出主意更令我们有满足感的吗？

我们依然生活在斯蒂芬·波特㊀在1950年曾浓墨重彩地描绘过的打擦边球和胜人一筹的文化中。波特用这两个词非常形象地刻画了他眼中西方世界人与人之间关系的特点。这是一种英国式幽默，深刻地诠释了西方文化对竞争的偏爱无处不在，即便在日常对话中也是如此。波特发现在对话沟通中，有几种方法可以让我们抢占风头：你可以说一句听上去很有智慧的话；或者适时地打击一下谈论过多的人；也可以巧妙地转换一下话题，但这无疑会令

㊀ 斯蒂芬·波特（Stephen Meredith Potter, 1900—1969），英国作家。

谈话中的一方尴尬。我们其实一直在竞相角力谁最能侃侃而谈——谈论最有趣的故事、最离谱的探险、最逗乐的笑话，或者是看过的最好看的电影。

当然，在遵守文化礼仪规范的前提下可以超越他人是好事情。但令他人感到尴尬或者羞辱就另当别论了，总是如此行事的人最终会被社会排斥，甚至极端情况下，会被送进精神病院。依照波特的观点，要想擅长打擦边球，或者是投机取巧，一个人必须学会“钻空子”以及“见好就收”。在竞选总统的辩论中，我们往往只关心谁占了上风，谁在镜头前看上去更像总统，出口成章，又能巧妙地将对方打倒，而不是去思考谁对问题的分析更透彻。

上面所有现象的深层含义或许是我们中的很多人相信：你如果不能赢，就是一个失败者。我们深信不疑的基于生物学基本原理的观念是：物竞天择是宇宙永恒的本性。如果你不抢先发言，就是让别人拔得头筹，毕竟要有人成为“部落”首领。如果不是有一些像即兴喜剧表演这样的场合，双方实现互惠双赢的情景很少会出现在我们的脑海里。即兴表演要求每一个人恰到好处地为其搭档做好铺垫，引发观众的哄堂大笑。因而，建立双方互信关系至关重要，如果其中任何一方想胜人一筹，合作就会功亏一篑。

在对话中，我们总是觉得只有用说教的方式才能表达清楚我们的想法。当我们听到对方喋喋不休又不知所云时，我们就会发问：“你想说明什么？”我们期待交流要得出某些结论，应该说明了某些事情，而非提出了问题 。当我们在说教的模式中时，我们会想教育他人，愉悦他人，引起关注；而当我们处于聆听的模式时，我们则愿意被启迪，希望对话是新奇而有趣的。

当我们聆听他人时，我们盼望着能获得茅塞顿开的感受。而当别人告诉我们的是些毫无用处或枯燥乏味的事情时，我们如坐针毡。我记忆中最差的一次谈话就是类似情形，对方所谈的人和事都与我毫不相干。换句话说，人们不愿意听陈词滥调，而更愿意聆听和表达让我们感到身临其境和与我们的生活息息相关的内容。

最后一点，听者最难受的莫过于聆听那些他们已经了解或者已经想过，认为不切实际的事情或者意见。当意识到教导者低估了你的思考能力的时候，你会感到被贬低了。近乎荒唐的是，教导模式是如此的根深蒂固，以至于我们要对他人说教时根本不会想到这个问题。有多少人在给别人建议之前，会想到也许这个主意对方已经考虑过了呢？我觉得我们在教导他人方面都做过了。

为什么这个问题如此重要

未来任务的需求不断变化

当然，美国文化所包含的因素远超我所提到的这些，而且很多正在发生改变。在未来的几代人中，我所描述的这些观念很可能将不复存在。随着信息技术的发展，人们越来越多地意识到彼此间的相互依赖。那么我为什么还要聚焦于这些文化倾向呢？让我们再回到医院的手术室，回到那个需要主刀医生、护士和技工人员一起无缝衔接完成手术任务的场景，他们今天在沟通中所面临的问题，已经不仅仅是专业能力和社会地位差别造成的，很大可能还有代际和种族文化差异所带来的，他们各自对关系、授权和信任都有自己的价值观和行为规范。让我来重申我们面临的问题：

技术令世界日趋复杂、日趋相互依赖，而文化日趋多元化，这使得要想做成事情越来越需要建立起互信的关系，与此同时，建立关系却越来越难。有效沟通的关键是建立互信关系，而良好的沟通是成功完成任务的保障。谦逊的问讯，基于当下的谦逊，是开启良好关系的钥匙。

越来越多的任务类似于孩子们玩的跷跷板游戏和接力赛。美国橄榄球队的教练总是会强调，每一个队员都要各司其职，才能确保比赛胜利；而合唱团的成员要经常一起排练，才能让每个成员将不同指挥的独特的音乐表达完美演绎出来；外科手术室团队则对每个成员间的协作提出了更高的要求；要实现一个完美的网上直播更是要求输出和接收端团队的紧密配合；而一次客机的安全飞行，整个机组完美的流程化协作绝对是生死攸关的，这同样适用于所有化学和核工业领域。所有这些团队协作的情境，要求每个成员相互之间建立起比仅仅是“专业人员一起工作”更为真诚的互信关系。常规的操作流程和检查清单并不足以应对突发情况。通过谦逊的问讯，团队可以建立起初步的信任关系，从而可以共同学习。通过共同学习，团队成员相互之间的信任感越高，他们之间的沟通也就会越开放，在错综复杂的情况下，应对突发事件的能力随之增强。

具有讽刺意味的是，每当我们发现一个团队成员因为建立了高度的互信关系而出色地完成任务时，我们在表达敬佩的同时总会将其视为一个特例，这不言而喻是承认了这种高度互信关系在我们的文化中并不常见。在职业橄榄球领域，如果一个新加入的球员与队中的某个老队员相识，或者是和主教练曾经在以前的球队合作过，那么他们之间早先建立的互信关系会令他们配合默契，从而可能会带动整个团队能力的快速提升。

换句话说，尽管直觉和经历都让我们明白相互理解和信任会让我们在错综复杂的任务中表现更加出色，但我们却不情愿为此投入时间、精力和金钱。我们只有在这种关系成为一项工作不可分割的一部分时才重视它，例如在军事行动中，士兵个人之间必须建立起情同手足的紧密关系。我们会敬佩这种彼此之间的忠诚，以及为维护这种关系所表现出的英雄主义，然而当我们在职场上看到这样深刻的关系时，却会觉得很不正常。而企业在削减开支的时候，团队建设预算往往是首当其冲的。

领导者面临的特殊挑战

从文化传统上来说，级别高的人多教导下属，而下属多请教和倾听是比较恰当的。当满足下列条件时，这种方式确实能带来不错的结果：①双方怀有相同的崇高目标，②上级清楚地知道答案，③下属对于管理者的教导内容理解得非常透彻。管理者要搞清楚自己所处的情景是否满足上述条件。回到我们之前提到过的接力赛中就意味着：队长要搞清楚是否四个队员都渴望赢得比赛；交接棒的队员们（老板和下属）是否清楚地知道在交接棒时如何做好衔接；“我进入交接区时，你就提速”这句话是否简单明了，大家都能明白。

如果作为老板没有在最初通过谦逊的问讯和下属建立起良好关系，他就无法判断他们之间的沟通是否有效，因为在很多情况下，下属或者不敢承认他其实没有理解老板的意思，或者其目标与老板的最高目标不一致，从而会掩盖至关重要的安全信息。有时老板宣称安全性是至高无上的，但是无意间却暗示了成本和速度才是最重要的。如果主刀医生未能和他的团队成员建立良好关系，这些人就可能会因为有顾虑，不敢当着高级别人的面指出他们的错误，从而危及患者的生命安全。

任务越复杂，人们之间相互的依赖度就越高，就越要求老板觉察到当下的谦逊，用谦逊的问讯的方式与员工互动。但仍然要记住，谦逊的问讯的根本是一种态度，并没有什么固定的模式。人们最终是靠感知能力和自我感受来判断当下彼此的关系以及所处的情境的。因而，高级别的人应该要主动去建立好的沟通氛围，维护对方的面子。只有让下属心里踏实，领导者才能指望他们提供所需的信息和帮助。如果下属和老板怀有共同的崇高目标，诸如赢得比赛胜利、确保患者安危、避免核电站事故等，会有所帮助，但是远远不够。下级成员总是容易陷入弱势状态，因而领导者必须要先打消顾虑，这样才能令他们畅所欲言、通力协作。

让我们再来研究一下患者到医院就医的情形。在这样的情境下，医生可以做的是通过谦逊的问讯让患者感受到他们是一个个的人，而不是被用于医学研究的对象。治疗我太太癌症的肿瘤科医生之所以通过询问我们的旅行计划就能立刻赢得她的信任，是因为我太太感到医生很关心我们，而不只关心抑制癌细胞。同样的道理，接力赛中的队长询问队员喜欢用哪只手接棒，是将队员的这些偏好和需求放在心上。再来看一下这样的场景，外科医生对他的手术团队说："我完全仰仗大家。我们需要定出方案确保一切顺利。"也可以设想一位律师出身的管理者接手了一家电力企业，旗下有一个核电厂，他走近运营和维护人员，询问他们的具体工作都是什么，他们的生活是什么样的，他们担心什么。在这种情形中，当领导者意识到自己对技术完全不了解，即使有心，也无力对下属发号施令，只有依靠下属才能完成任务时，运用谦逊的问讯就变得愈发有价值。想一想，在技术日趋复杂的当今世界，有多少所需完成的工作是领导者自身能力所不能及的。因此，当下的谦逊是领导者必须学会的生活态度。本章到此，我们指出了在上下级关系中，询问和说教方式所带来的问题，下一章我们会进一步探讨文化、头衔和社会地位所带来的影响，以及我们的应对之道。

总结

美国文化建立在很强的实用主义、个人主义和以成败论英雄这些不言而喻的观念之上。这些观念造成对工作成就具有强烈的偏好，加之个人主义，导致人们将建立互信关系、团队合作和齐心协力作为手段而非目的，低估其中的价值。也因此，会自然而然更重视做事和说教，而不是提问和建立良好的关系。但是，随着任务日趋错综复杂，建立良好的关系、团队合作和齐心协力变得愈发重要。与此相应，这些都要求领导者更加熟练地运用谦逊的问讯，以应对复杂局面。

思考题

- 回想一下你参加过的聚会。聚会中的对话是如何展开的？你能想起哪些竞争性说教的例子吗？能想起哪些建立良好关系的例子吗？这两种谈话质量有什么差别？
- 你能举出在你的工作环境中文化差异对工作表现和沟通产生影响的例子吗？
- 在你的工作中，哪些场景将任务达成看得比建立良好关系更重要？哪些场景，说教盖过了询问？
- 思考一下你家庭的日常生活。你们是否会定期举办家庭晚餐或者其他类型的家庭聚会？在那些场景下，交谈的质量如何？
- 现在请静默几分钟，回想一下，到目前为止你学到了些什么。

第 5 章

CHAPTER 5

地位、等级和角色界限形成的各种制约

我们到底该如何与他人相处呢？无论我们是想说教或者是想询问什么，也无论是想建立更深层的信任和真诚的关系，抑或只是想获得认可或者更多的其他反馈，我们最好将情境纳入考虑的范畴。在每一种文化中，人们都会教导孩子们在不同的情境下该如何表现，该如何感知他人。而情境则是由在场的人彼此互动形成的，在某一个具体的文化中，特定的规则和礼仪主导着情境，使得大多数人知道什么是得体的行为。我们中的绝大多数人早已被文化彻底同化了，因而完全意识不到这些规则，更察觉不到其对我们的掌控。在人们的地位和等级存在

差异的情境下尤其如此。

地位和等级

为了更好地理解制约我们践行谦逊的问讯的因素，我们尤其要剖析那些与地位和等级差异有关的人与人之间的行为准则。从下属的角度看，这些规则意味着服从上级，或者说下属应表现出对上级的尊重；而在上级看来，意味着他们要做楷模，换句话说，作为上级举手投足应符合其地位。例如，当上级讲话时，下级应该要全神贯注地聆听，不能插话；而上级做任何事都要合情合理，行为举止应该端庄威严。

我们视这些规则为理所当然，只有当有人做了不恰当的举动时，比如下级抢先发言，或者领导者说了侮辱性的话，做了愚蠢的事情，我们才会意识到这些规则的存在。我们非常明确地期待地位高的人风度翩翩，而一旦他的行为没有达到我们的预期，我们便会产生焦虑甚至愤怒的情绪。因此，在身居高位的人面对公众前，为其提供单独的盥洗室进行准备已经成为惯例，旨在让他们在出场前将自己调整到位。

同样地，在不同的文化背景下，我们对服从的含义也有各自不同的解读。若干年前，在南非的金矿，就发生了一场因为文化背景不同而导致的颇为发人深省的误会。金矿的白人监工一直无法信任那些来自非洲部落的淘金工人，其原因就是这些工人“目光游移”，从不敢正视他们。直到经过几年的监管培训，白人经理才终于明白其中的缘由：在非洲部落的习俗里，如果你直视尊者代表不敬，并会受到惩罚。

当我们进入一个新的情境，或者要和新结识的朋友开启一个对话时，我们无意识间要做的第一件事往往就是先弄清楚彼此之间的地位差别。有人认为我们的生物学特性使我们会寻找自己在社会等级中的位置。在这类情境下，我们一般都会以谦逊的问讯开启沟通，因为这可以让我们借机判断出与对方地位的高低，从而确定是该服从对方，还是让自己保持一种“高高在上”的姿态。一般情况下，我们会先问一些泛泛的问题——你从事什么工作？住在哪里？到这里来的目的是什么？我最近在一次会议上遇到一群大学生，因为阅读并喜爱我的书而要求与我合影。面对他们的溢美之词，我很自然地要展现恰当的风度，从容不迫地露出大大的微笑。最近我还经历了一次类似的快速调整，情况刚好相反。在我居住的养老社区里住着一位诺贝尔物理学奖得主，经人介绍我认识了他。我察觉到自己颇为谦逊，用非常开放的态度提出问题，希望更多地了解他。由于我们年龄相仿，又住在同一个养老社区，他以更加谦逊的姿态和我交谈，这让我们之间的地位差别荡然无存，从而可以畅所欲言。

总而言之，不同情境下的规则决定了我们在与不同地位或等级的人展开谈话时应该采用的恰当的谦逊的问讯方式。未来，我们会面临越来越多需要互相协作的任务，因而如何在需要彼此信赖和支持时，逾越等级地位的鸿沟，搭建起沟通的桥梁，是我们的必修课。对下属而言继续保持谦逊，向上级寻求帮助是比较容易的，而教会上级如何向下级寻求帮助则实属不易。要着手破解这一难题，我们还需要搞清楚不同类型角色之间的关系。

角色关系类型：任务型和人际型

双方相对的地位是界定某一情境之下特定规则的决定因素。而双方的角色关系，或者说他们交往的目的对于界定该情境同等重要。我是去和朋友吃午餐，还是去买鞋，是去看病，抑或去和我的新老板（或者下属）见面？我的目的决定了我的任务是什么，同时也会影响我创造一个什么样的情境。当我与他人交往的时候，我们共同创造情境，包括我们的任务是什么，各自在情境中承担的角色，我们对彼此有什么期望，我们之间会是何种关系。

社会学家用各种方法将我们所处的关系分为很多种类型。分清工具性关系和情感性关系有助于更好地理解谦逊的问讯，前者是因一方希望从另一方获得特定的事物而建立的，后者则是因一方或者双方因喜爱对方而建立的。为了简化，我把它们称作任务型关系和人际型关系。就像我在上一章所论述的，美国文化会更加趋向于任务型关系，即因事而聚。这样的关系往往被打上“职业化”的标签，暗含大家只是称职地一起工作，而避免个人交往。在这样的文化里，建立人际型关系往往被视为“不够职业”。

我们认为任务型关系是客观的，不带有情感偏向性。在这样的关系中，地位的高低取决于谁更依赖对方以及依赖的程度，从而也确定了展示当下的谦逊的程度。当我购买西装的时候，销售人员的业绩要依赖于我的决定，所以他就会表现出很强的顺从和谦逊。而当我决定以后，让裁缝按我的尺寸稍加改动的时候，情况则会相反，他会要求我站好，而我则会展示当下的谦逊。裁缝和我对文化所定义的情境规则都很清楚，因而都尽量保持一种不带入个人感情色彩的状态。当我们面对销售人员时，我们也会期望保持一定的情感距离，让讨论仅限于产品、价格和如何交付的范畴。我们与销售人员之间建立起来的相互尊重基于其特定领域的知识和技能。

相反地，在人际型关系中，关系中的一方或者双方都有更多的意愿去了解对方，或者想要持续地发展这段关系，因而会期待有更多感性的交流。这种类型的关系是允许甚至期待当事人有感性流露的。当我们想深入了解某人时，我们就会想要与之建立更加私人的关系。当我们希望下属对我们敬而远之时，我们则是将彼此的关系定义为任务型关系了。如前文所述，军官不希望因与士兵过分亲近而影响其决策。

在这两种我们所处的关系中，我们所处的文化决定了我们采用何种行为更合适。大多数组织的建立都是为了完成某些任务，而组织中人的级别往往是依照每个人完成该项任务的能力来定义的，因此“老板与下属”这种关系让我们觉得不应该打扰老板。如果一个老板和保安一起打高尔夫，我们就会怀疑这个关系背后有什么非同寻常的原因。在我之前所谈到的手术室的情境中，开始阶段地位层级十分分明，此时团队成员之间的关系是工具性的，没有人情味和感情色彩。换句话说，相互协作的任务需要我们具有当下的谦逊，但是并不意味着一定要有私人关系和感情色彩。

一个很大的问题是随着任务日趋复杂、文化日益多元，这些地位之间的界限还能维护下去吗？或者说，在这类任务涉及的场合建立某种个人关系是否在所难免？

只有当人们违反了这些规则和边界的时候，比如在一个任务型的关系里卷入了某些情感化的元素，我们才会意识到它们的存在。一般来说，对于老板的婚外情，如果对方是外部人士，我们不会太在意，但如果对方是他的下属或者工作伙伴，我们就会觉得不可原谅，因为这意味着对方将会得到额外的照顾，更糟的是，即便此人不胜任也可能会被宽容，因而工作绩效遭受影响。

当然，当思考我们之间各种关系的时候，任务型和人际型关系并非泾渭分明。一方面，即使是在非常极端的任务型关系中，我们也会对于合作的人产生感情和好感；另一方面，我们有时会发现我们的朋友或者爱人也会在我们要达成的某项工作中扮演重要的角色。因此，当规则被打破或者含糊不清时，尤其是在多元文化的环境中，关系就很容易受到伤害。我最近就听说了这样的一个发生在雇主与其菲佣之间的极端案例。雇主很喜欢这位菲佣，因而想建立一些个人之间的关系，但屡次被拒绝。直到菲佣辞职后，雇主才从他们共同的朋友那里了解到，依照菲佣家乡的习俗，菲佣和雇主之间聊家常是极不恰当的行为。

为了让我们更好地思考这个问题，我们可以把关系的状态想象成一条连续的线条，其中一端是极度的任务导向，另一端是纯粹的人际导向。那么我接下来要问的问题就是要建立一种互相协作的关系，是否要将关系的人际化发展到一定程度呢？如果答案是肯定的，谦逊的问讯如何帮助实现这一目标呢？

人际型关系的建立

建立人际型关系是承认对方是一个完整的人，而不只是一个工作角色的过程。如此说来，最基本的人际型关系是了解彼此的姓名。因此布朗医生第一次和团队见面时，会称他的手术护士为格兰特护士，称麻醉师为田中医生，这就是一个以工作角色来做正式称呼的例子。在传统的正规医院里，大家都会这样介绍，一般也就到此为止。如果医院领导想要促进人与人之间的关系，则会在给主刀医生初次介绍团队时说：“布朗医生，这位是您的手术护士，艾米·格兰特；这位是您的麻醉师，田中洋志医生。”即使与之前相比，人际化程度只增加了很少，却能造成重大的影响。如果这家医院的传统是保持职业礼仪，这一变化或许就已经令刻板的规则少许灵活了一些。据我所知，有一所医院就规定，只有在患者不在场的情况下，医护人员之间才可以彼此直接称呼名字，他们宣称这样做是为了维护患者对医生的尊重感。然而，如果艾米护士称呼布朗医生为罗德，难道患者就真的会不尊重他了吗？

一旦人际型关系的进程被启动且广泛接纳，在工作中直呼其名就会显得非常自然，这就好比打开了潘多拉的盒子，会产生无穷无尽的与个人相关的询问和发现。而这一进程也会依照我们的习俗有其自身的情境规范。如果只停留在角色/任务层面上的话，布朗医生可能会询问艾米是在哪里接受的护士专业培训，都曾经和哪些医生配合过，是否负责过一些特殊的课题等。如果他想进一步加深人际沟通，他就会询问她住在哪里、是否已经成家、她的出生地点以及她对他们所在医院有什么看法。当艾米不确定对布朗医生和盘托出自己的想法和感受是否安全时，尤其是当她对医院有意见的时候，“你对医院有什么看法”这样的问题有可能会让她感到触及界限了。

个人之间的谈话会进行到多深取决于时间和场合。艾米·埃德蒙森对实施心脏开胸手术的外科手术团队进行了专题研究，她发现有一些手术团队的手术效果明显优于其他团队。在最近的一次会议上，她详细地解读了这个研究的核心发现。她在医院的餐厅里观察到，大部分的手术团队吃饭时都是按照工作岗位和级别就座，她注意到其中一个颇为出色的团队则是依相互之间的人际关系围坐在一起的。显然，他们认为午餐时间人与人的交流很重要，而不太在意大家的专业级别。这样的决定促使他们彼此之间有了更多的了解，从而使得他们在手术室时更像一个团队，能够各司其职地完成复杂的手术。埃德蒙森的研究还揭示了另一个现象，每一个能够高质量地完成复杂手术的团队都曾经在团队共同学习上花费了很多的精力，从而减小了等级隔阂，也让每个团队成员都意识到他们彼此相互依靠的关系。一起用餐只是众多增进人际型关系活动中的一种。

不要小看一起用餐这样一个小小的变化，其中包含了组织成员之间关系的一个重大而不言自明的象征性意义——高级别医生愿意公开展示他的谦逊，与下级坐在一起用餐，创造了让大家畅所欲言的条件。

在另一个案例中，埃德蒙森的博士生梅丽莎·瓦朗蒂娜研究了医院的急诊室。急诊室往往因为急诊患者占用时间过长，总是人满为患，需要找到有效的解决方案。一家医院决定打造一些小型的“治疗舱”，每一个舱里面都有一种应对急诊治疗所需的专业设备。患者和医护人员都是随机地安排到空闲的舱内。这就意味着，经过一段时间以后，每一位医生、护士、技工都会和不同的人一起工作，而且因为都是小组形式，就会建立起很多人际型的关系。由于每个舱里都有一位医生，护士不再需要在患者准备就绪后再到处去找医生了。这个小规模的治疗舱让医护人员有更多机会进行面对面的交流，也就更容易运用谦逊的问讯促进人际型关系的发展。

谦逊的问讯顾名思义就是人际交往相关的，因为其完全基于一个人对另外一个人的好奇和关心，但是谈论的话题却可以从任务型到人际型。选择话题时必须要考虑文化背景，因为这里我们所说的人际型关系是由组织文化、职业文化以及民族文化的规范所决定的。

组织文化、职业文化与民族文化

在特定的组织中，在过往任务完成的过程中建立起来的相互关系，影响着当今各种情境下的规矩。存在了一定时间的组织和职业都会在更广泛的社会传统或规则基础上内发展出自己的传统和规矩。组织中的各个部门往往具有自己的上下级相处之道。一般来说，由科学家和工程师所组成的部门中，成员之间的沟通都比较开放，因为每个人的知识和能力的独特性，彼此都互相尊重。但即使都是工程师岗位，他们之间的文化规则也是不同的——需要掌握最新技术的电子工程师，往往抱有实验的态度和开放的交流；而化工工程师则因为化学实验的严格性更加偏向于一本正经，等级分明。

在医学领域，医生和护士之间的职业差别历来都是非常分明的，因而也就造成了职业距离感。一个看似合情合理的变化，例如改变急诊室的大小、组合这样的结构调整，都会引发医护人员之间人际型关系的提升；但是如果该医院的文化是植根于医护之间的职业距离的话，那么建立小型治疗舱会让他们觉得不自在且不切实际。换言之，组织文化、职业文化决定了各种情境下的规矩，当部分团队成员尝试发展人际型关系时，这些规矩可能会让他们的努力付之东流。就如艾米如果因曾经在一个人际交往密切的系统中工作过，而建议布朗医生和田中医生与大家一起午餐，可能被断然拒绝。梅丽莎·瓦朗蒂娜在其研究中就遇到了一些医院拒绝接受小型治疗舱方案，因为医护人员对要在如此紧密的环境中工作觉得不适应。

美国的核工业领域为研究职业文化的影响力提供了一个有趣的案例。过去几十年间，核电站最早的一批主要负责人大都是从核潜艇上退役的，因此他们遵从里科弗⊖上将所塑造的安全绝对至上文化。而当他们退休后，新的管理者则来自于不同的背景，于是就会产生很多沟通问题。法律专业或者财务专业背景的核电站管理者就不会像深刻了解核反应堆技术的老一辈管理者那样对安全问题有着绝对的关注和敬畏。

我之前一直专注研究西方文化下的组织文化，但是布朗医生团队的案例提醒我，不同国家和种族的人正越来越多地一起共同完成各类不同的任务。因而做到谦逊，去发展人际关系，对建立积极的关系是至关重要的，但如果我们不了解其他文化的行为准则，这就难以实现。例如我认识的一个手术团队，其成员包括一名美国医生、一名来自突尼斯且信仰伊斯兰教的护士和一名信仰伊斯兰教的技工，而麻醉师则是拉丁裔。当我采访这位主刀医生时，他不仅一上来就承认他是彻底要依靠他们的，还告诉我他在工作之余如何花时间和他们相处，想方设法地了解他们。现在他感觉彼此之间相处得非常融

⊖ 海曼·乔治·里科弗（Hyman George Rickover，1900—1986），美国海军上将，人称“核动力海军之父”。——译者注

洽，而且他相信他们对他更是知无不言。抽象地了解这些文化的不同毫无帮助，但有条不紊地建立起他与团队成员之间的人际关系的确有效。

信任和社交经济学

要想做到谦逊，或者是做到多询问而非说教，抑或是发展人际关系，需要彼此有一定程度的信任，然而信任一词的含义却是可意会不可言传。在沟通中，信任就意味着相信对方会认识我，不会利用我，更不会令我感到尴尬或者丢面子，会告诉我真相。在更为普遍的情况下，就是不会欺骗我，替我着想，并且支持我们共同的目标。

在我们的日常中，我们以注视、点头打招呼或者交谈表达对他人的基本认可，这很重要。如果我路遇一个陌生人，眼光接触一下后就各奔东西，会觉得很正常，因为并不期待对方认出我。但是如果看到我们认识的人，目光接触后，我微笑示意，而对方毫无反应，我就会觉得不对劲，认为对方没认出我或者不愿意理睬我，我就会想为什么会这样，是否出了什么问题。这种觉得什么事情不对劲的感受其实是提醒我们究竟有多期待相互之间的承认和互动。我们可能叫不出某人的名字，但是我们的问候和神态告诉对方我们认出了他。在社交场合被完全忽略是极不愉快的体验。

社会是建立在这些为数不多的、约定俗成的信任之上的。我们相信别人会记得自己，这是对当前自我的一个肯定。一般来说，当我们对某人说“你好”或者点头致意时，我们期待某种回应；我们提出问题，自然期待答案；我们请求帮助时，就会期望得到帮助，至少期望对方会告诉我们不能帮忙的原因；同理，当我们要别人做些什么的时候，我们也会期待他去做或者告诉我们不做的理由。

文明社会的生活是你来我往的。从我们成长的文化中，我们学会了礼尚往来的规则。我们认为这样做是举止得体、礼节周到，然而，我们有时却会忘记这其实是社会最基本的元素，不可或缺。

在文明社会中，我们在成长过程中会不断地学习和检验最基本的信任。这些基本的信任的规则可能会因文化背景不同而存在差异，但是在每种文化中都是必然存在的。在成人社会里，我们都懂得如何与他人相识，如何彬彬有礼、优雅得体。所有这一切都顺理成章，令我们的日常生活平平稳稳、按部就班。大多数情况下，我们不会去思考这些，只有当出了什么问题，或者我们有求于人的时候——例如我们想影响他人，获得帮助，操纵、诱惑、教导或者请教某人，抑或是想发展更亲密的某种关系，我们才会意识到这些规则。

假如我们意识到了对他人的依赖，或者被他人吸引，想与对方建立起更深的信任关系，该如何传达呢？该如何表达我们的兴趣呢？如果我们想让他人感受到我们是值得信赖的，我们又该如何做呢？如果我们想帮助和爱护他人，如何表达才能避免稀里糊涂地帮了倒忙而得罪人家呢？如果我们坠入爱河，该怎么谈恋爱呢？其实所有上述情况，关键的一点就是要学会通过谦逊的问讯和人际交往示弱。但是要做到这一点非常不易，因为这意味着我们要冒着被冷落、被拒绝的风险，可能会丢面子。但这样做是向他人表示，你愿意为关系更进一步先迈出一步，而这样的投入是必需的。你的自我剖析和示弱，是打开人际型关系大门的钥匙。

总结

我们身处一个需要互相协作的环境下，与任务相关的信息必须要顺畅地穿越社会等级边界传递过去，我们必须要建立起超越一般客套礼仪的关系，因而我们需要谦逊的问讯。在美国，由于我们的文化强调业绩导向，鼓励竞争，崇尚说教而非询问，如果我们要示弱、暴露自己的不足，以谦逊的态度去询问他人，会更加难以做到。但是与之矛盾的是，我们只有谦逊地去询问才能真正构建起高效工作所需要的互信关系，才能真正打开沟通的大门。更人性化的沟通，使得任务执行中充满真诚。这种互信关系是一步一步建立起来的，涉及下一章我们将探索的一个复杂问题——我们内在的心理动力学模型，也就是开放的程度，我们对于自己的认知和情绪偏见的了解程度。我们将在下一章详细论述。

思考题

- 回想一下你的工作环境，提出哪类问题会让大家太过于私人化？

- 如果你期望与下属建立信任关系，你会采用什么方式？你期望这份关系的人性化程度是多高？

- 思考一下你的职位。你是否意识到存在一些与上级或者下级沟通时的约定俗成的规则？

- 现在请静默几分钟，回想一下到目前为止你学到了什么。

第6章

CHAPTER 6

抑制我们的内在阻力

为了更全面地理解谦逊的问讯在建立积极的关系的过程中所发挥的作用，我们就必须要更加深入地研究沟通的复杂性。我们必须要知道，我们所处的文化教会了我们在特定环境下恰当地询问或者教导的规则，这些规则影响着我们内在的沟通进程。正如我曾指出的，作为有责任感的社会成员，我们要遵从既定的相处之道和沟通准则，这些规则体现了礼尚往来、平等相待以及相互之间价值的认可。然而，如果我们不被理会，或是觉得谈话内容乏善可陈，抑或感觉对方趾高气扬，我们就会变得焦躁不安，感到不受尊重甚至是自惭形秽。谦逊的问讯恰恰是避免出现这种负面情况的可靠方法。然而，我们平时为什么做不到呢？

其中的一个原因是我们有时并不想建立起积极的关系，我们希望自己能居高临下，胜券在握；或者有时我们是有目的地把谦逊的问讯当作一个策略，引导对方和盘托出，从而让自己在沟通中占据优势。但是，我们很快就会明白，这样的伎俩是危险的，因为我们很可能传递出混杂的信号，我们的虚情假意很快就会被看穿。在这种情况下，我们实际上会弱化关系，失去他人的信任。

另一个原因则是在所有文化中，在任何特定的情境下，什么是不可以询问或者谈论的，都有具体的规则，当我们尝试通过谦逊的问讯建立人际关系时需要特别小心。当我们试图和一个来自不同文化背景的人展开对话，或者是想揣摩权威人士的意图，从而表达适度的真诚以建立信任时，也会变得愈发小心谨慎。在这个章节中，我首次呈现解释这类问题的人际关系模型，解答我们为什么会发出混杂信号，为什么虚伪的谦逊的问讯会损害关系，为何人与人之间的互动反馈如此复杂，以及谦逊的问讯是如何帮助避免这些障碍的。本章的后半部分，我们则着眼于个人内在模型，它解释了即使动机正确的谦逊的问讯也会常常跑偏的原因，也揭示了为什么即使我们完全不知道答案，直面自己的无知也会如此的困难。

乔哈里视窗：构成社会心理自我的四个部分

乔哈里视窗最初是由乔·艾尔和哈里·英格姆发明的，一个用来解释沟通复杂性的既实用又简明的工具。当我们每个人要进入到一个场景或者开始建构一段关系的时候，往往都是从展示公开的自我开始的，而对于“公开”的界定往往是由我们所处的文化决定的——这时，我们愿意选择的谈论话题往往是一些可以和陌生人沟通的内容，例如天气情况，你是哪里人，以及“名字、职位或者部队编号”之类的和任务相关的信息。我们都掌握了在特定场合下讲话的分寸。当我们面对销售代表时所讲的内容与面对一个晚会中刚结识的朋友所沟通的内容会截然不同，但又都会在文化所界定的范围内。我们对于私人话题与非私人话题也有着清晰的判断标准。

当我们和他人展开对话的时候，我们的公开的自我会有意无意间给出很多种信号。对方从我们的身体语言、声音的语调、说话的时间和节奏、我们的穿着打扮以及目光接触时的神态所有这些元素中，形成了对我们的整体印象。其中大部分的信息是在我们并未觉察的情况下传递出去的，因此我们必须认识到我们还有一个盲目的自我，恰恰那些我们无意间释放出的信号，创造出了他人对我们的印象。

生活中颇具讽刺的是我们在与他人交往中给他人留下的印象，往往会变成他人的谈资，而我们却浑然不知。我们知道自己对他人会有自己的看法，也就知道我们在他人心目中也必然留下了印象。然而，除非我们营造出一个可以打破现有文化束缚的特殊氛围，否则我们可能终其一生也无法真正了解我们在他人眼中的形象。这一观察就揭示了另一个概念——隐藏的自我——由于担心冒犯或者伤害他人，抑或是令我们自己感到尴尬，因而我们不会透露我们了解到的有关自己和他人的全部事情。

我们试图隐藏起来不让他人知晓的东西里有我们羞于承认的不安全感，也有我们自己认为和社会惯例相悖的、与我们日常的自我形象不符的情感和冲动，以及那些被我们定义为失败的过往经历和表现。更为重要的是，当我们断定我们所做出的反应会失礼或伤及他人面子时，我们会保持缄默。自我的四个部分如图 6-1 所示。

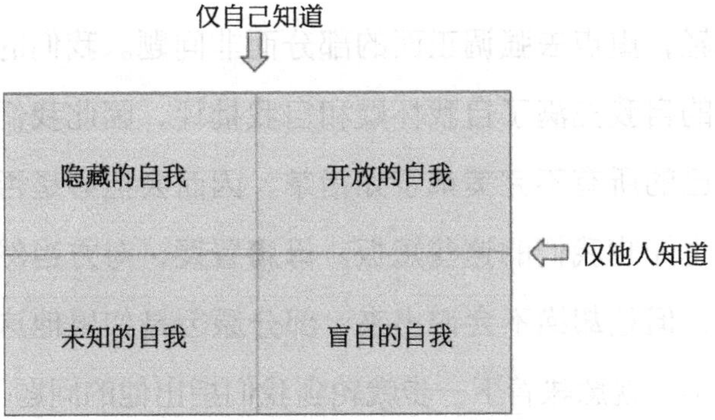

图 6-1　自我的四个部分

我们认识到，在建立一段关系的过程中，将我们不愿暴露的隐藏的自我揭示到什么样的程度是最难把握的。与此同时，我们又深知除非敞开心扉，否则我们无法真正地建立起良好的关系。在一些工作坊或者会议中，有目的地设计了一些让人打开的“破冰”环节，我们称这类沟通为反馈。要如此刻意地安排才能得到反馈恰恰折射出我们的文化对直言不讳的束缚。同理，当他人要求我们给予反馈时，我们觉得有多为难，就表明我们有多担心会冒犯或者得罪他人。在给予他人反馈时，尽管我们内心知道每个人都很渴望从他人那里知道别人对自己的期许，自己有哪些缺憾可以改进，但我们仍然会避重就轻，重点去强调正面的部分而非问题。我们的隐藏的自我充满了自我怀疑和自我批评，因此我们对自己的所有不完美都了如指掌，因而会担心是否他人也知晓我们的这些短板。毋庸置疑，对方当然知道，但是却绝不会说出来，部分原因是如果他这样做了，就意味着下一步就轮到我们指出他的问题了，双方都会因此丧失自尊。

询问和袒露一些个人方面的问题可以帮助我们化解这类文化方面的束缚。我们可以暂时放下那个职业化的任务导向的自我，询问或者和对方谈论一些和工作完全不相干的话题，从而增进相互了解和人际交流。在这种情形中，谦逊的问讯就从我们“坦露”自己一些事情开始，从而引发对方在这个话题上的互动。我可以选择那些让自己有当下的谦逊的话题，以方便打开人际交流的大门。例如，布朗医生可以在和他的团队一起吃午餐时谈论一下他在苏格兰高地钓鱼的趣闻，而田中医生可以聊聊他对高尔夫运动的痴迷。他们继而还可以自嘲一下紧张的工作安排令他们只能每天吃食堂。

这些最初的坦言和询问增进了了解与互动，我们之间的关系开始建立起来，而且会越来越深入。但是这必然是一个缓慢且循序渐进的过程。回想一下《纽约客》漫画，那个脾气火爆的老板对他的下属说："你们必须要真实准确地告诉我你们对我的看法……哪怕你们可能会因此丢掉工作。"换句话说，双方的关系发展到可以给予对方个人反馈的程度之前，需要大量交流，即便达到了这种程度，或许只保持谈论与工作相关的话题反而最为顺畅。即使在亲密关系中，针对个人的意见反馈也是要冒风险的。

当沟通的双方在同一个组织中，但是级别不同时，建立信任的最好方式就是级别高的人更主动，利用谦逊的问讯的方式，像上面例子中的布朗医生那样先多"暴露"一下自己，而不是去问对方很多问题。一般来说，人们都不愿意冒风险去得罪老板，因此老板应细心地选择一些话题来界定人际交往的边界，如此一来，其他团队成员便可以合情合理地运用谦逊的问讯了。

未知的自我，是指那些存在于我们自身，但是连我们自己和了解我们的人也没有发现的那部分潜质。我可能埋没了自己开创全新局面的天赋，我可能时不时会冒出来各种无意识的想法和情感，我也可能突然被心理或生理的因素主导做出出乎预料的反应。我因此不得不随时准备去应对这些偶发的、不可预知的感受和行为。

现在让我们来想象两个刚刚认识的人之间的对话场景，就像在玩“社交跷跷板”，出于兴趣和好奇，通过相互间的问答如双人舞般交替着将自己展现给对方。渐渐地，可能因某一方的谦逊的问讯而令另一方敞开心扉，或者是一方不慌不忙地把自己介绍给对方而拉近了彼此的距离。如果这些初步的自我揭示能够被对方接纳，那么更多的个人想法和感受会逐渐地分享出来，看看对方是否依然会做出正面的反应。每一点的打开，我们都会展示更多自己的价值观，也会让自己处在更不设防的状态下。如果对方对我们的接纳程度不断提升，那么彼此之间就会建立起高度的信任。通常我们所称的亲密感其实就可以看作是愿意向对方暴露我们通常想掩饰的那些弱点。

谦逊的问讯的作用就是将对话变得更加个人化，从而建立起亲密的关系。在关系建立的初期，开启沟通的话题可以是非常基本的，例如资深外科大夫询问新来的护士和技工的名字，或者他们是哪里人，让他们感到作为一个完整的人被对待，而不只是一个职业角色。

总之，在对话中，即便讲话者想尽量表达得简明扼要，但言辞表达是复杂的，同时存在着极其细微的差别，这便使得对话本身具有了不可避免的复杂性。所以即使谦逊的问讯是源自你的好奇心所表现出的一种态度，你也的确是因为不知道答案而发问，但由于你并不知道你该好奇的具体内容是什么，或是你的问题有可能被误解，实践起来仍会颇为复杂。表达好奇或者问一些问题很容易会因为过于私人化而引起反感。因而深刻理解文化中关于私人化，以及亲密程度的规则就变得非常重要，更要严格遵守。只有一种情况是例外的，即双方事先达成了协议，也就是形成了暂时的“文化隔离带”。

心理上的认知偏差和判断模型：ORJI

在对话中，无论是我们脱口而出的话语，还是彬彬有礼的表达，其实都是我们头脑深处认知的外显。如果我们对所处的情景有错误的解读，又对当时合适的反应产生错误的判断，那么我们就无法展示出恰当的谦逊。我们必须要意识到我们的思维是很容易产生认知偏差、概念性失真以及不恰当的冲动的。为了让谦逊的问讯可以真正发挥作用，我们必须努力认清这些偏见和失真。

为了便于学习，我们需要一个简化了的模型来理解这些过程，然而事实上，这些过程极其复杂，我们的神经系统同时在搜集信息、处理信息、主动管理搜集什么信息并决定如何应对。因而我们的所见所闻及我们如何对此进行反应，某种程度上是由我们内在的需要和期望决定的。尽管这些处理过程是同时发生的，但是把它们区分成一个循环中的不同环节来进行分析判断仍然是十分有帮助的。这个循环包括观察（O），对观察到的现象进行情感反应（R），然后基于我们的观察和感受进行处理和判断（J），我们随即便采取公开的行动，也就是进行干预（I）。具体如图 6-2 所示。谦逊的问讯是这种干预中的一种方式。

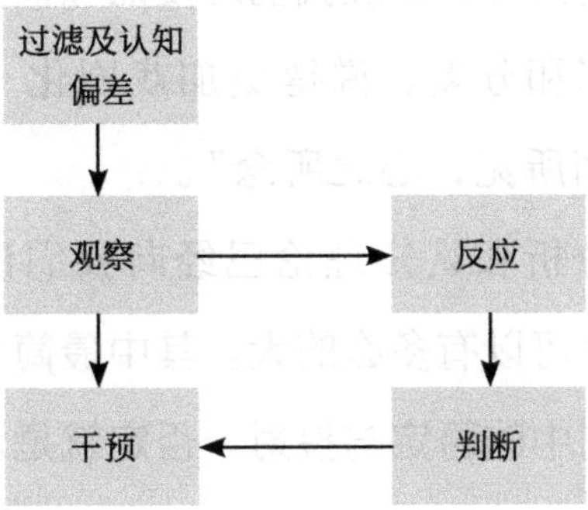

图 6-2　ORJI 循环

观察（O）

观察是我们对周边所发生的一切的准确记录，包括我们所有感官对所发生事件的捕捉，以及我们自身在此情景下的内在需求。实际上，神经系统是有主动性的，会基于以前的经验对输入的新信息进行自动的过滤和处理。我们以往的经验形成的期望和预见，或者是我们希望达成的目标，都或多或少地左右着我们的所见所闻。我们想要的和需要的在相当程度上扭曲了我们的觉察。我们会自动屏蔽掉大量信息，归其原因是这些信息和我们的需要、期望、成见或是判断不符。

我们不会如实地记录信息。我们会基于自己的语言、文化概念，以及我们想要的和需要的，对信息进行选择和分类。说得更加戏剧化一些，实际上是“所闻所见，心之所念”。

精神分析和认知理论已经向我们证明了我们的认知偏差可以有多么的大。其中最简单的例子就是防御机制中的否定与投射。否定就是对既成事实“视而不见”，而投射则是把我们内在的心理活动看成是他人的行为。这些研究还表明，我们的内在需求会令我们的感知失真。例如当我们在沙漠中口渴难耐时，就会看到海市蜃楼。如果我们想要找到真相，最大限度地保持客观，发现事情的本质——就像艺术家绘画时追求惟妙惟肖一样，那么我们就必须了解这些经常由我们的感知系统产生的初始失真，并将其影响降到最低。

反应（R）

ORJI 模型还揭示了当我们观察到某一结果时所产生的情感反应。现在有越来越多的证据表明很多时候情感反应是早于观察结果的，或者是同时发生的。在感受到真正的威胁之前，人的身体就已经呈现出恐惧的各种状态。正因如此，了解我们的情感反应的最大困难就是我们常常察觉不到它们的发生。我们会否认情感，或者把它们的产生视为理所当然，因此就会绕过它们直接进行判断并采取行动。我们可能会感受到焦虑、愤怒、愧疚、尴尬、喜悦、进取和快乐，然而却往往并未觉察到这些情感，直到有人询问我们的感受，或者花时间陪我们反思我们内在的变化时，我们才会意识到。

一个常见的场景例子就是我们驾车时有人忽然插到前面。对威胁的瞬间感知会让我们产生一个反应，让我们观察到另外一个人试图插队，继而马上会做出一个判断：他无权这样！于是就会采取干预行动——加速以阻止这辆车插队，或者是在下一个红绿灯时停下来冲他大喊大叫。这种立即的判断往往让我们忽略了其实还可以有一个更安全的选项，即减速让他加进来。

在我们的日常生活中情感无处不在，但是我们在小的时候便学会了在很多的情况下要控制，甚至是压抑、克服我们的情感，进而用各种办法消除或者忽略情感。随着我们学会了扮演自己的性别角色和职位角色，加上所处的特殊的文化氛围，我们便明了哪些情感是可以接受的，哪些是不被接纳的，懂得了何时适于表达，何时要完美管控，哪些是“好的”，哪些是“不好的”。

在我们这个以任务为导向而且注重实效的文化中，我们还学会了不能让我们的情感影响我们的判断，认为情感会扭曲真相，强调千万不要感情用事。然而极具讽刺意味的是，我们的大部分决定最终是在对自己的情绪毫无察觉的情况下基于情感做出的，但却还以为自己是基于谨慎的判断做出的决策。我们对于情感在决策过程中的影响往往是毫无察觉的。

其实冲动本身并不是问题的根源——真正的问题是我们没有带着觉知去了解真相，在行动前未做评估，从而导致了不良后果。其实情感问题的关键在于找到与之连接的方法，从而扩大我们的选择范围。对我们来说，最重要的是能够了解我们当下的感受，这样，既可以避免产生错误的反应，也可以从这个感受入手，来诊断关系中到底发生了什么。

在我们做出判断和反应之前先进行谦逊的问讯是一个可以防止发生不良后果的行之有效的方法。回想那位 MBA 学生的案例，他因为认为女儿打搅他学习而对她大发脾气，但却没有询问一下她来敲门的原因。在这一点上，谦逊的问讯的重要作用是让一个人在做判断和行动前先反躬自问一下：“此刻我有什么感受？”如果那个被插队的司机在加速阻挡并线车之前问一下自己这个问题，他可能就会察觉到危险，继而对自己说：“我都不知道那个家伙为什么这么着急，干嘛傻乎乎地去冒出事儿的风险呢？”

判断（J）

我们持续地处理数据，分析信息，评估并做出判断。这种在采取行动前进行分析的能力，让人类能够构建和规划复杂的行为，去实现复杂的目标。

正是这样的持续行动支撑了人类不断向前发展。能够提前规划，继而组织起有效的行动是人类独特的才智。

在这个过程中，保持逻辑自洽是必需的，也是最基本的。但是只有在拥有尽可能全面的数据时，我们基于它进行的分析和判断才是真正有价值的。如果我们对这些收集的数据进行了错误的解读，或者是因情感将其扭曲了，那么随后分析结果和判断也必然会产生偏差。如果我们对所使用的信息是如何获得的、可能存在什么样的偏差没有足够的重视，那么后续所有详尽的计划和分析都会变得毫无意义。如果我们总是对情感反应的背后原因没有真正的觉察，那么任何分析都不可能真正帮到我们。已经有研究表明，即使是在最好的情况下，我们也只能做到有限的理性，仍然会不断地出现系统性的认知错误，因此我们至少应努力在最初收集信息的时候就尽可能避免失真。

这其中隐含着一个重要的含义，我们必须要从最开始就意识到我们的推理能力是有限的，只有提升信息的正确性，才能达成更好的决策。谦逊的问讯正是这样一个获得正确信息的可靠手段之一。比如，当我看到某人躺在便道上时，马上会感觉他可能需要帮助，但是在我蹲下来帮助他之前，我最好先询问一下：“你需要帮忙吗？我怎样可以帮到你？”再比如另一个情景，老板在会议结束后对我说“今天的会议发言不太理想”，在辩解之前，我最好问一下：“您能再具体一点吗？您对哪一部分不满意？”

干预（I）

一旦我们做出了判断，我们往往就会付诸行动。但是这个判断很有可能是情绪引发的一时冲动而已，而我们会误以为是自己的判断，意识不到这其中的差别是危险的。换句话说，当我们冲动行事时，或者是表现为我们所认为的条件反射时，看上去似乎是我们省略了理性判断的过程。而事实上，我们并不是省略了理性思考，而是过于相信所谓我们观察到的结果，也过于依赖情绪的反应。条件反射本身并不意味着就是错误的判断，那些造成麻烦的条件反射往往是我们的干预，而这些干预是基于错误信息形成的判断。如果某人袭击我，我立刻进行还击，这是一个有效的合适的干预行为。但是，如果他并没有想击打我，而我误解了，那么我的反击就会被当作是进攻行为，从而会引发冲突。

谦逊的问讯之所以成为如此重要的能力，是因为真诚的好奇和关心会将发生误解、误判以及不当行为的可能性降到最低。在崇尚说教的文化中，我们遇到的最大问题是，不知道在具体情况下，什么方式的说教既合适又有效。如果我们希望与他人建立起积极的关系，打开沟通之门，我们就必须尽量避免基于错误的信息做决定。因而谦逊的态度就成为建立良好关系的法宝。

使用 ORJI 模型来复盘就会发现某人的判断符合逻辑，但是基于的“事实”却是不准确的，因而结论也就差之千里了。于是我们不难理解这个循环中的第一个步骤是最容易出现问题的，因为我们很自然地会以为自己的感知足够可靠，并随之采取相应的行动。我们往往会轻易就下结论或者乐于做预设判断，而忽视了尽最大努力去搞清楚到底发生了什么，另一个人的真实想法是什么。最应该使用谦逊的问讯恰恰是在我们观察到某个现象后感到愤怒或者焦虑的时候。越是这样的时刻，我们越应该慢下来，然后谦逊地询问他人，搞清楚真实情况。在做出判断和冲动行事之前，我们应审视自己的反应是否合理。

总结

当我们把上面两种沟通模型放在一起研究时，我们可以看到即使是日常的沟通也是类似一个复杂的舞蹈，需要随时决定要说什么，怎么说更好，对另一方的表述如何做出恰当的反应。我们根据对情况的洞察和对特定情境下文化规范的理解选择如何展现自己。而我们认知和感受事物时的初始偏差、对情形的判断以及做出的反应，都体现出我们的文化和个人成长历史。

我们的文化环境和成长经历的差异使得我们各不相同。尤其需要注意的一点是，我们在特定条件下所承担的职责、级别和社会地位，往往会令我们自以为对该如何行事了如指掌。在某个场景中，如果当事人对于他们的职责、级别以及地位有着不同解读的话，他们的沟通是最容易产生误会的，从而无意之间触怒他人或令人难堪。实际上，在这种情况下能建立起良好的沟通，那真是个奇迹。

在相同的文化背景下，使用同一种语言会有帮助，深刻理解本章所描述的沟通的复杂性也会大有裨益，在说教或者行动之前先进行询问和确认则会更大程度地避免误会。敢于询问其实是一个优点而非弱点，因为这样可以令我们在采取行动前看清真相。

如果社会所面临的问题越来越错综复杂，完成一项任务，越来越需要涉及不同的级别、地位以及文化背景的人共同参与，具备以谦逊的态度来进行询问的能力就变得越发重要。在最后一章里，我将给出熟练使用谦逊的问讯这一方式的指导原则。

思考题

- 回想一个最近发生的对话。问一下自己是否从对方说的话（开放的自我）里得到了不同的信息，自己感受到的（盲目的自我）又有哪些。
- 现在思考一下你自己，你的盲目的自我可能会发出什么样的信号？
- 向你的配偶、合作伙伴或者朋友讲述一下你认为你的盲目的自我会发出什么样的信号。听听他们的意见，和他们进行讨论及澄清，这将有助于你了解你自己的沟通方式。
- 想一想最近参加的一些活动，试着回想你处理不当的一件事。重新审视是哪里出的错——是观察错误，还是不恰当的情绪反应，或者是错误的判断以及不合适的行动？自己应该在循环中的哪一步纠正错误？
- 现在请静默几分钟，回想一下到目前为止你学到了什么。

第7章

CHAPTER 7

培养谦逊的问讯的态度

我们一般所说的提问技巧与独特的谦逊的问讯技能主要应用在以下领域：①个人生活领域，帮助你应对在工作和社交活动中日益增长的文化多元性；②在组织中，有助于清楚地明确互相依赖的工作小组之间的协作需要，并促进相互协作；③当你作为领导者或者管理者时，谦逊的问讯可以帮助你和团队成员建立良好的关系，打造一个支持真诚沟通的团队氛围，实现高绩效。

在上述三个领域中，谦逊的问讯的态度和行为在一定程度上与现时的文化相背离，这就需要我们敢于摒弃一些过去的观念，学习新的理念。尤其是要扩展我们的感知能力，培养更加深刻的洞见，这样才能让我们对在何时何地应该减少说教，增加询问做出更清晰的判断。我相信，面对未来更加复杂和多元化的世界，我们都需要更加广博而深刻地思考我们在各种关系中所要扮演的角色，因而我们需要在建立良好关系的过程中更多地运用谦逊的问讯。

最近刚好有一本新书出版，名为《在边缘起舞》，作者提到在21世纪生活的人类需要达到一个新的高度：需要更多的自我觉察、更强的社交能力、更多源于文化的智慧、更高的创造性。作者还进一步指出，我们每个人原本就具有这些生命成长所需要的能力。我同意这个观点，也全然相信我们每个人都可以培养谦逊和问讯的心智模式。那么我们如何做到呢？

放下旧知获取新知所引发的两种焦虑

如果无须摒除过往的知识，学习新知是一个很简单的事情。但是如果是以新知，例如谦逊的问讯，来取代之前乐于说教这样的旧习惯，就会引发两种焦虑，我们要学会管理它。一种焦虑我称之为生存焦虑，即我们在掌握新知之前，觉得自己力不从心、处于劣势。生存焦虑是我们学习新知的动力。但是我们开始学习以后，发现要培养新的心智模式和行为并非易事，可能更令我们无法忍受的是我们处理事务的能力在学习的过程中会有暂时下降，或者我们的朋友也有可能不理解或不喜欢我们新的行为方式。当我们预计到会出现上述所有这些困难时，内心就会产生学习焦虑（另一种焦虑），从而会阻碍改变的发生。只要这种学习焦虑超过生存焦虑，我们就会一直拒绝改变，且逃避学习。

可能有人会说，为了能够学习新知，我们也可以提升我们的生存焦虑啊，但是那只会让我们整个人更紧张。为了能够真正促进我们掌握新知，我们需要做的是降低学习焦虑。我们要从内心相信为新的行为习惯付出暂时的代价是值得的，相信自己通过练习是能够掌握新知的，同时还有学习指南、教练以及各种辅助方式都可以帮助我们渡过最初的困难阶段。如果我们的新知中包含与现时文化相冲突的部分，我们就要对自身进行心理建设来支持自己。那么怎样的方法可以帮助我们学会抱有谦逊和问讯的心态，走过这个学习过程呢？

放慢速度，调整节奏

让我们再回到接力赛的情形。出发以后，你一定是竭尽全力加速的。但是当你进入交接区后，你就需要减速，把接力棒交给下一个人时要确保他抓牢后才能松手，然后慢跑放松。而接棒的一方在起跑加速时，他的速度一定要和你的减速相吻合，向后伸出他的手直到牢牢抓住接力棒，才能全力加速直到进入下一个交接区。在只注重做事和说教的文化中，往往不会教给我们如何把握自己的节奏，什么时候需要减速，如何时时反思，审时度势；更不会教我们如何观察我们自己和他人，鼓励我们尝试新的行为模式，与他人构建新的关系。

回想我的个人生活，尤其是上了年纪以后，我发现我所犯的最严重的错误或者是承担的最大风险就是在盲目状态下匆忙做出决定。我匆匆忙忙的时候，往往会忽视正在发生的状况，因此容易犯错误。更为严重的是，当我急躁时，我对新的可能性视而不见。学习谦逊的问讯并不是学习如何加快速度，恰恰是教会我们如何放慢速度，确保我们仔细审视、观察并掌握时下真实的状况，就如同在接力赛中要先确保交接棒成功一样。在我们日常的快节奏工作中，我们是不是可以给自己短暂的休息时间，喝杯咖啡放松一下，或者是在饮水机或复印机前停留片刻，与同事打个招呼，用谦逊的问讯来让彼此连接？

假设为了成功完成一项任务，我需要与所依靠的同事尽快建立起新的互信关系，那么为此我需要多长的时间才能做到呢？在不那么正式的场合例如午餐或晚餐时大家开个会，人与人之间就会更加亲近，并不需要花费太多时间。这就好像布朗医生如果真的想和他的手术团队建立起有效的沟通，他需要做的事情无非就是把大家召集到一个非工作的环境中，询问他们每个人的偏好，继而一起讨论该如何把工作做得更好。谦逊的问讯必不可少的行动是先把大家聚拢在一起，让人与人之间先产生连接，然后再请大家一起建立一个良好的沟通氛围。这其实并不需要很长的时间，但是会把大家带入另一种节奏中。每一个领导者都可以做到。

建立新的关系都有一个彼此了解的过程。这时，我们需要适当地放慢节奏来建立信任，而一旦建立起互信的关系，工作会开展得很快。

用谦逊的问讯和自己对话，以及更多的自我反省

身处以任务为导向、强调做事和说教而又缺乏耐心的文化氛围中，我们最需要学习的是自我反省。只有当我们能准确地捕捉到我们所处场景中的真相，清楚当下我们和他人的关系状态，更重要的是觉察到此时此刻我们自己的起心动念，我们才可以明晰何时我们必须要采用谦逊的姿态，何时我们可以扮演教导的角色。学会自我反省的一个有效方法就是将谦逊的问讯用于我们自身。在我们急于行动之前，我们可以问自己：现在发生了什么？做什么才是恰当的？此刻我在想什么？我的感受是什么？我内心的需求是什么？如果是为了安全且有效地完成任务，就要提出以下问题：完成这项工作，我需要依靠哪些人？谁是要依靠我的？为了改善沟通，我必须与谁建立起互信的关系？

更多地保持专念

自我反省本身其实还包含着要更加保持觉知的含义。我想最能清晰地解释埃伦·兰格[1]的觉知这个重要概念的方法是一起来回顾一下她让我恍然大悟的一个经历。一个夏天，我们在科德角度假的时候，我的小孙女斯蒂芬妮不小心磕破了头。当时附近没有医生，我们不得不驾车几个小时到最近的医院。到达医院后，我们又等候了一个小时才将她伤口缝合好，然后又驱车两个小时回到驻地，能够入睡时已经是半夜两点钟了。第二天早上，我妻子玛丽和我一起去普罗温斯顿的网球场与埃伦会面，向她讲述了我们前一天糟糕的经历。她深深地看了我们一眼后问道："这段时间里还发生了其他的事情吗？"我们愣了一下，她继续启发我们："按照我的理解，你们昨天从晚上八点到凌晨两点都和小孙女在一起，没有发生其他的事情吗？"我们如梦初醒。当我们和斯蒂芬妮在一起的时候，无论是在车上还是在医院，她都是那么乐观而健谈，令我们感受到无比的喜悦。

[1] 埃伦·兰格（Ellen J. Langer），美国哈佛大学心理学教授，积极心理学奠基人之一。——译者注

我们因为这个事故得以专心地和斯蒂芬妮在一起待了六个小时，但我们险些因为自己对于晚归的沮丧就与这段美好的体验失之交臂。

埃伦给我们的启发是：我们拥有大量信息，但是我们却倾向于迅速判断，从而无法记起大部分的情境。因此，她的问题“还发生了什么”实际上不单单是一个让我们反观事实的咒语，更重要的是把我们立即带回到了当时的情景。谦逊的问讯会推动当事人准确细致地去审视事件中的全部细节，因此能够谦逊地询问我们自己还发生了什么，对于帮助我们找到真相是至关重要的。与我们一般所定义的谦逊的含义不同，这里意味着我们也要学会谦逊地尊重我们自身——相信我们人类自身就具有应付复杂状况的能力，同时积累了丰富的经验，让我们可以依据觉察到的信息做出快速的反应。一个强势的老板往往习惯于对下属说教，如果提升了自我反省的能力，他会发现自己其实具有很强的能力可以尝试全新的方式。例如，他来到下属面前，以友善的口吻问道：“你在忙什么？能给我详细讲讲吗？”

发展艺术天赋，尝试不断创新

文化的樊笼对我们的影响太深了，以至于通过自我觉察拓展我们的所见所感很不容易。要想打破这些固化的心性，我们就需要借助艺术作品，调动我们天性中的艺术冲动。艺术家尝试扩展自己的方法就是更多地去观察、去感受和创作。在戏剧表演中，演员通过扮演不同的角色来获得提升。而在绘画领域，画家提升则是先学习更加准确地捕捉事物的方法，然后将其表达出来。他们还要不停地学习色彩运用的新理论，练习新的笔触手法。这些感悟源自于我曾经参加过的一堂水彩课，参加课程的人员有失业者、曾经的流浪汉和仍然四处漂泊的人。在课程中，我亲眼看到 12 名学员在老师的引导下画出简单的线条，然后，他们靠自己的天赋用颜料在画板上完成了各自的作品。

尝试一些和艺术相关的事情可以扩展我们的身心。作品的好坏并不重要，重要的是尝试新的事物可以帮助我们不断扩展自我。我认为我们每个人天生都是艺术家，但我们往往不肯承认自己所拥有的创造力。不失时机地运用谦逊的问讯开启一段对话，进而建立良好关系，应该被视为一种美。同样，令大家能够敞开心胸的创意也应该被视为一种艺术。在一家医疗企业的有七十位高管参加的战略会议上，主办方要求我的同事海恩·瓦瑟曼设计一个环节，让这些高层管理者之间可以尽快建立良好关系，以便能更好地执行新的计划。于是她把他们随机分成两个人一组，要求当他们这样随机坐在一起时，任何一个人开口说话都要采用“ 那么……你怎么看……”句式。 这是艺术创作，太精彩了！

对一个需要承诺全力以赴的小型工作组来说，没有什么是比把罗伯特议事规则的一部分用在他们的会议上更令人窒息的事情了。在那个关于募资活动的晚宴上，当我让每一位董事都谈一谈他们加入组织的初衷时，引发了一段非常美好的交流。时常令我喜出望外的是，提出一个类似于“各位觉得我们当前的方向正确吗”这样低调的问题，往往比提议、复议和投票做出更为优质的决策。越来越多的人逐渐认识到如今的工作非常复杂，越来越类似一个即兴表演或者是一个爵士乐队，而不再是传统的官僚组织形式。即便是随手涂鸦、书写日志，或者给亲戚朋友写信，创意都是不可或缺的。连邮件的形式也变得越来越漂亮，而网上的朋友圈更是展示我们艺术才华的地方。

触动自己内心的美感并不难。你只需要经常光顾剧院、参观博物馆，此外，还有旅行。在世界变得越来越多元化的今天，没有什么比去体验不同的文化，发现其他民族各种不同于我们的生活方式更加重要的了。我从生活中学到的最重要的教训就是不断认识到不同文化的人对事物的看法有多么大的差异。拥有了谷歌，我们甚至可以足不出户，在互联网上旅行并体验各类艺术，这真是太好了。

每一次活动后回顾和反思自己的行为

如果你能学着放慢脚步，调整节奏，同时变得保持专念又充满创意，你就会有时间进行特殊形式的自我反省，就是对于刚刚发生的事情进行回顾和分析。卓有成效的小组会回顾他们做出的决策并从中学习；一支部队演习结束后，也会坐下来回顾，刻意地收集反馈，无论职位高低，每个人都要发表意见；医院则会有专门的病例分析会，尤其是针对误诊的病例。

定期回顾的流程之所以有力量是因为能够让老板摒除团队中的服从文化，询问最基层成员对所发生事件的见解。在这样的回顾中，谦逊的问讯是引导每个人如实反映情况的首选提问形式。我在每章的最后都列出了这样的问题，读者可以用来回顾自己的行为。

对协作的需求要保持敏感

你自己掌握了谦逊的问讯的技能，但是你的组织的绩效可能仍然不佳，这很可能是因为员工或者小组没有意识到他们彼此依赖的程度。越来越多的实践成果证明，当组织中的员工意识到他们彼此是互相依赖的，并将协作与互相配合付诸行动，组织的绩效就会得到改善。乔迪·吉特尔⊖在他的研究中谈到，保证团队之间高效协作的关键是：拥有共同的目标，对彼此的工作心中有数且互相尊重。

⊖ 乔迪·吉特尔（Jody H. Gittell），美国布兰迪斯大学（Brandeis University）管理学教授。——译者注

如果你是一个工作小组的负责人，你可以通过谦逊的问讯来确定当前状态下成员之间的依赖程度，然后开发相应流程帮助大家建立起积极的关系，从而提升相互间的协作水平。在高危行业中，良好的协作、真诚的沟通、互相的尊重不仅仅关乎绩效，更是安全的保障，因为互相尊重本身就包含了可以跨越层级进行真诚沟通的意愿。

领导者要和团队成员建立起互信关系

对领导者而言，最艰难的弃旧从新是认识到对下属的仰赖，能够接受自己具有当下的谦卑，与下属去建立起高度互信、坦诚沟通的关系。这种心态和行为与我们的文化是大相径庭的，但我深信，也是最应该学习的。

本章中所提供的各种建议，旨在帮助你作为一个领导者应对这个挑战。毋庸置疑，要建立这样的关系，你首先要对这份关系背后的必要性有着深刻洞察。放慢节奏、自我反省、保持专念、探索内在艺术性以及建立各种回顾流程，这些工具都会引导你去更清晰地认识到，在你的工作环境中建立合作和协作的必要性。

建立“文化孤岛”

那么接下来留给我们的课题就是要找到一些创新的方法，把我们的团队真正凝聚起来，通过谦逊的问讯建立起所需的互信关系。如果团队成员的文化背景相同，现在要做的就是把大家召集到一个工作场所以外、比较放松的场合，拉拉家常。如果你示弱，大家会更容易敞开心扉，而经过几轮询问、回答及认可这样的循环，彼此就会建立起开放互信的关系。这时，你就可以问一些较难的问题，“当你们发现我要犯错的时候，会提醒我吗？”如此，你就可以评估出你们是否已经创造出了足够安全的心理氛围，因而彼此会坦诚沟通，鼎力相助。如果还是觉得不对劲儿，你就可以再谦逊地问一句：“我们彼此之间的帮助要达到天衣无缝的水平，还需要做出怎样的改变？”

而当团队成员来自不同的文化背景时，我们就需要完全不同的创意来建立互信关系。例如第 1 章中描述的布朗医生的手术团队。作为领导者，无论是职业还是个人的角度，起初你并不清楚每一位团队成员在其各自的文化背景中行为和举止的规范以及界限。了解一些文化的条条框框于事无补，因为你并不知道你的团队成员是否遵循那些条条框框。

要建立积极关系时，你需要创造一个“文化孤岛”，即一种情境，在这种情境下你会试图将与职权和互信关系相关的文化规范暂时搁置一边。要做到这一点，你需要把团队召集到一个工作场景以外的环境，不要安排和工作相关的事情，而是一起参与一些像聚餐或者是娱乐活动这样更促进人际交往的活动。一家刻板的瑞士与德国合资的企业将最高的三个层级管理者聚在一起开年会，会议的中心活动是一种谁都不擅长的体育比赛——十字弓射箭，还有些奇奇怪怪的本地游戏。该活动将所有参与者都拉到了同一个水平线上，他们就更容易坦诚交流，建立起超越层级的良好关系。

如果你觉得这样做投入太大，你也可以邀请你的小组成员共进午餐或者晚餐，让每个人谈谈他们的文化中该如何与权威人士相处，如何与他人建立信任。例如可以询问他们，依照他们的文化，假设看到他们的老板犯了错误，或者马上要犯错的时候，他们会如何做。当听到具体的讲述和解释时，团队成员就会辨别出不同的文化和规则中的共同底线，而你作为领导者，也就可以意识到，将团队的沟通引导到更加开放的水平所必须采取的行动。

可以提给每个人的相同的问题是："在你们自己的文化里，你如何判断是否可以相信他人或者你的老板?"这样提问的目的，是让大家从具体行为上理解不同的文化，从而让不同文化在行为规范上的差异更清晰化。只有当你了解了行为规范之间的差异有多大，你才能够不带任何偏见地进行探索，进而找到每个人都愿意承诺的共同的底线。

这里最重要的一点，是对任何人不要事先做出评断，只需要寻求共同的底线。如果团队成员告诉你，无论在什么样的条件和环境下，他们都不能在老板要犯错误时做出提醒，那么你就不得不考虑换掉他们了。在这样的活动中，很重要的是创造一个在现实中可能发生的情境，并且就这个意外发生时该如何做达成共识。而你作为老板，要成为当下的谦逊的表率，你的立场将帮助你的团队在现实工作中做到言行一致，既勇于承担风险，又对你坦诚相待。

总结

我们所有人都会发现自己处在一个需要敢于承担风险且能持续创新的世界中。我们中的一些人的确是领导者，而大多数只是一直被我们所处环境中的领导力推动着。你面临的终极挑战就是在某些时刻，不屈从于说教，而是用谦逊的问讯担负起自己的责任。

致　　谢

本书的出版筹备经过了几年的时间。谦逊的问讯原本是我的另一本书 *Helping* 里阐述的一个概念，吉万·西瓦苏布拉马尼亚姆⊖阅读了本书后马上向我提出谦逊的问讯这个概念本身可以独立成书。我起初是不同意的，而此刻我要发自内心地感谢吉万的坚持，让我得以开启这本书的写作。在我麻省理工学院的同事和咨询服务业的朋友的鼓励与帮助下，我几易其稿，其中丹尼尔·阿斯内斯、卡伦·阿亚斯、洛特·贝林、大卫·康赫兰、蒂娜·多尔弗、乔迪·吉特尔、汤姆·胡伯、玛丽·简·科纳奇、鲍勃·姆克西、菲利普·米克斯、小川俊一、杰

⊖ 吉万·西瓦苏布拉马尼亚姆（Jeevan Sivasubramaniam），美国博瑞特凯勒出版社总经理。——译者注

克·西尔弗辛、艾米丽·斯波尔、约翰·范·马奈恩、伊琳·瓦瑟曼，以及博瑞特–凯勒出版社的审稿者们为本书提供了具体的意见和建议，在此我要对他们表达衷心的感谢。

书中的概念和想法都来自我的咨询实践，因而我也必须要感谢我的很多朋友、客户甚至是一些陌生人，是他们向我展示了谦逊的问讯所带来的美好体验，也令我看到当我没有准备好时，对我进行说教是多么徒劳。我非常感谢他们让我从正反两面学到很多。

我也要感谢我的子女对我的鼓励和支持，他们让我即便身体欠佳时，也能闻到花香、放松身心，继续我的工作和写作。最后，我还要感谢新朋友克劳德·马登女士，她在过去的一年中陪伴我度过了为《谦逊的问讯》终稿所经历的情绪的起伏变化。她给予了我巨大的鼓励和支持。

2013 年 6 月于加州帕洛阿托

欧洲管理经典 全套精装

欧洲最有影响的管理大师
（奥）弗雷德蒙德·马利克 著

超越极限

如何通过正确的管理方式和良好的自我管理超越
个人极限，敢于去尝试一些看似不可能完成的事。

转变：应对复杂新世界的思维方式

在这个巨变的时代，不学会转变，错将是你的常态，
这个世界将会残酷惩罚不转变的人。

管理成就生活（原书第2版）

写给那些希望做好管理的人、希望过上高品质的生活
的人。不管处在什么职位，人人都要讲管理，
出效率，过好生活。

管理：技艺之精髓

帮助管理者和普通员工更加专业、更有成效地完成
其职业生涯中各种极具挑战性的任务。

战略：应对复杂新世界的导航仪

制定和实施战略的系统工具，
有效帮助组织明确发展方向。

公司策略与公司治理：如何进行自我管理

公司治理的工具箱，
帮助企业创建自我管理的良好生态系统。

正确的公司治理:发挥公司监事会的效率应对复杂情况

基于30年的实践与研究，指导企业避免短期行为，
打造后劲十足的健康企业。

读者交流QQ群：84565875

显而易见的商业智慧

书号	书名	定价
978-7-111-57979-3	我怎么没想到?显而易见的商业智慧	35.00
978-7-111-57638-9	成效管理：重构商业的底层逻辑	49.00
978-7-111-57064-6	超越战略：商业模式视角下的竞争优势构建	99.00
978-7-111-57851-2	设计思维改变世界	55.00
978-7-111-56779-0	与时间赛跑：速度经济开启新商业时代	50.00
978-7-111-57840-6	工业4.0商业模式创新：重塑德国制造的领先优势	39.00
978-7-111-57739-3	社群思维：用WeQ超越IQ的价值	49.00
978-7-111-49823-0	关键创造的艺术：罗得岛设计学院的创造性实践	99.00
978-7-111-53113-5	商业天才	45.00
978-7-111-58056-0	互联网原生代：网络中成长的一代如何塑造我们的社会与商业	69.00
978-7-111-55265-9	探月：用改变游戏规则的方式创建伟大商业	45.00
978-7-111-57845-1	像开创者一样思考：伟大思想者和创新者的76堂商业课	49.00
978-7-111-55948-1	网络思维：引领网络社会时代的工作与思维方式	49.00

彼得·德鲁克全集

序号	书名	要点提示
1	工业人的未来 The Future of Industrial Man	工业社会三部曲之一，帮助读者理解工业社会的基本单元——企业及其管理的全貌
2	公司的概念 Concept of the Corporation	工业社会三部曲之一，揭示组织如何运行，它所面临的挑战、问题和遵循的基本原理
3	新社会 The New Society：The Anatomy of Industrial Order	工业社会三部曲之一，堪称一部预言，书中揭示的趋势在短短10几年都变成了现实，体现了德鲁克在管理、社会、政治、历史和心理方面的高度智慧
4	管理的实践 The Practice of Management	德鲁克因为这本书开创了管理“学科”，奠定了现代管理学之父的地位
5	已经发生的未来 Landmarks of Tomorrow：A Report on the New “Post-Modern ” World	论述了“后现代”新世界的思想转变，阐述了世界面临的四个现实性挑战，关注人类存在的精神实质
6	为成果而管理 Managing for Results	探讨企业为创造经济绩效和经济成果，必须完成的经济任务
7	卓有成效的管理者 The Effective Executive	彼得·德鲁克最为畅销的一本书，谈个人管理，包含了目标管理与时间管理等决定个人是否能卓有成效的关键问题
8 ☆	不连续的时代 The Age of Discontinuity	应对社会巨变的行动纲领，德鲁克洞察未来的巅峰之作
9 ☆	面向未来的管理者 Preparing Tomorrow's Business Leaders Today	德鲁克编辑的文集，探讨商业系统和商学院五十年的结构变化，以及成为未来的商业领袖需要做哪些准备
10 ☆	技术与管理 Technology， Management and Society	从技术及其历史说起，探讨从事工作之人的问题，旨在启发人们如何努力使自己变得卓有成效
11 ☆	人与商业 Men， Ideas ，and Politics	侧重商业与社会，把握根本性的商业变革、思想与行为之间的关系，在结构复杂的组织中发挥领导力
12	管理：使命、责任、实践（实践篇） Management:Tasks,Responsibilities,Practices	
13	管理：使命、责任、实践（使命篇） Management:Tasks,Responsibilities,Practices	为管理者提供一套指引管理者实践的条理化 “认知体系”
14	管理：使命、责任、实践（责任篇） Management:Tasks,Responsibilities,Practices	
15	养老金革命 The Pension Fund Revolution	探讨人口老龄化社会下，养老金革命给美国经济带来的影响
16	人与绩效：德鲁克论管理精华 People and Performance: The Best of Peter Drucker on Management	广义文化背景中，管理复杂而又不断变化的维度与任务，提出了诸多开创性意见
17 ☆	认识管理 An Introductory View of Management	德鲁克写给步入管理殿堂者的通识入门书
18	德鲁克经典管理案例解析（纪念版） Management Cases(Revised Edition)	提出管理中10个经典场景，将管理原理应用于实践

彼得·德鲁克全集

序号	书名	要点提示
19	旁观者：管理大师德鲁克回忆录 Adventures of a Bystander	德鲁克回忆录
20	动荡时代的管理 Managing in Turbulent Times	在动荡的商业环境中，高管理层、中级管理层和一线主管应该做什么
21☆	迈向经济新纪元 Toward the Next Economics and Other Essays	社会动态变化及其对企业等组织机构的影响
22☆	时代变局中的管理者 The Changing World of the Executive	管理者的角色内涵的变化、他们的任务和使命、面临的问题和机遇以及他们的发展趋势
23	最后的完美世界 The Last of All Possible Worlds	德鲁克生平仅著两部小说之一
24	行善的诱惑 The Temptation to Do Good	德鲁克生平仅著两部小说之一
25	创新与企业家精神 Innovation and Entrepreneurship:Practice and Principles	探讨创新的原则，使创新成为提升绩效的利器
26	管理前沿 The Frontiers of Management	德鲁克对未来企业成功经营策略和方法的预测
27	管理新现实 The New Realities	理解世界政治、政府、经济、信息技术和商业的必读之作
28	非营利组织的管理 Managing the Non-Profit Organization	探讨非营利组织如何实现社会价值
29	管理未来 Managing for the Future:The 1990s and Beyond	解决经理人身边的经济、人、管理、组织等企业内外的具体问题
30☆	生态愿景 The Ecological Vision	对个人与社会关系的探讨，对经济、技术、艺术的审视等
31☆	知识社会 Post-Capitalist Society	探索与分析了我们如何从一个基于资本、土地和劳动力的社会，转向一个以知识作为主要资源、以组织作为核心结构的社会
32	巨变时代的管理 Managing in a Time of Great Change	德鲁克探讨变革时代的管理与管理者、组织面临的变革与挑战、世界区域经济的力量和趋势分析、政府及社会管理的洞见
33	德鲁克看中国与日本：德鲁克对话“日本商业圣手”中内功 Drucker on Asia	明确指出了自由市场和自由企业，中日两国等所面临的挑战，个人、企业的应对方法
34	德鲁克论管理 Peter Drucker on the Profession of Management	德鲁克发表于《哈佛商业评论》的文章精心编纂，聚焦管理问题的“答案之书”
35	21世纪的管理挑战 Management Challenges for the 21st Century	德鲁克从6大方面深刻分析管理者和知识工作者个人正面临的挑战
36	德鲁克管理思想精要 The Essential Drucker	从德鲁克60年管理工作经历和作品中精心挑选、编写而成，德鲁克管理思想的精髓
37	下一个社会的管理 Managing in the Next Society	探讨管理者如何利用这些人口因素与信息革命的巨变，知识工作者的崛起等变化，将之转变成企业的机会
38	功能社会：德鲁克自选集 A Functioning society	汇集了德鲁克在社区、社会和政治结构领域的观点
39☆	德鲁克演讲实录 The Drucker Lectures	德鲁克60年经典演讲集锦，感悟大师思想的发展历程
40	管理(原书修订版） Management(Revised Edition)	融入了德鲁克于1974～2005年间有关管理的著述
41	卓有成效管理者的实践（纪念版） The Effective Executive in Action	一本教你做正确的事，继而实现卓有成效的日志笔记本式作品

注：序号有标记的书是新增引进翻译出版的作品